Las Siete Puertas

INTELIGENCIA
EMOCIONAL

a través del

TAROT

Diana Sánchez-Regas

13 Soles

13 Soles Editorial

hola@tarot13soles.com

Únete al clan.

Si quieres recibir información periódica de 13 Soles, puedes

suscribirte en www.tarot13soles.com

A los caminos que no recorrí, porque me regalaron el camino que hoy amo. Para Vega, la estrella que señala su Norte propio, y para Abril, la primavera en medio del invierno.

INDICE

Prólogo a la segunda edición.

Dicen que el acto de crear es lo más parecido a traer un hijo al mundo, y al menos en parte, así lo sentí yo cuando este libro se lanzó tímidamente a encontrarse con aquellos a los que estaba destinado. Kahlil Gibran tiene un poema que recuerdo siempre y que para mí es la metáfora más certera sobre el acto creativo: *«Tus hijos no son tus hijos, son hijos e hijas de la vida deseosa de sí misma. No vienen de ti, si no a través de ti, y aunque estén contigo, no te pertenecen. Tu eres el arco del cual tus hijos, como flechas vivas, son lanzados.»*.

Empezó como un sueño cumplido, pero en este tiempo *Inteligencia emocional a través del tarot,* me ha demostrado que tiene su propio camino, que forma parte de una red de conexiones infinitamente más grandes que yo misma y que sirve a su propia tarea. Tiene mensajes que entregar, personas con las que encontrarse inesperadamente, formas particulares de hacer que el alma se reencuentre con lo que le apasiona.

La acogida increíblemente cálida que ha recibido va mucho más allá de mis esperanzas más optimistas; a través de su viaje me ha permitido conocer a personas maravillosas y sus historias de amor con el tarot. Muchísimas lectoras y lectores se han identificado con esta manera de entender el tarot y se han convertido en alumnas y alumnos, creando un diálogo fascinante y enriquecedor a partir de lo que comenzó en estas páginas.

Ha sido a través de ese diálogo que también ha surgido la necesidad de corregir y ampliar el contenido en esta segunda edición con algo muy concreto y que ha sido petición popular: aquí encontrarás siete lecturas de tarot con preguntas básicas para investigar cada una de las *Siete Puertas*.

Sin perder de vista el objetivo de proponer un acercamiento básico al tarot como herramienta de conocimiento personal, he considerado que esas lecturas pueden ayudar enormemente a comenzar con la práctica personal. Están diseñadas con preguntas muy depuradas, para que las lecturas puedan ser fáciles, útiles e ir al centro de la cuestión.

Confío en que te sean útiles y te deseo que tu camino personal con el tarot esté lleno de magia, significado y conexiones reveladoras.

Diana Sánchez-Regas

Lanzarote, 30 de abril de 2024

INTRODUCCIÓN

¿Sabías que en el tarot están las respuestas a los problemas a los que nos enfrentamos cada día? Asuntos que nos enseñan cómo establecer límites sanos, cómo organizar la economía para llegar a fin de mes, cómo disfrutar de un amor pleno o cómo desarrollar tus talentos y dones. Los arcanos del tarot nos aportan claves cruciales para resolver estas cuestiones con más cercanía de lo que imaginas. En tus manos tienes la ocasión de descubrirlos y aplicar su sabiduría para construir un camino de vida alineado contigo.

Las Siete Puertas es un sistema simbólico de tarot para ayudarte a que entiendas mejor aún lo que ocurre en tu vida de forma inconsciente, por qué a veces reaccionas como lo haces y de qué manera te sería más fácil alcanzar tu realización personal y sentirte mejor.

Tal vez llegas a estas páginas desde la curiosidad, sin saber mucho de tarot, pero con ganas de averiguar qué relación puede tener con la inteligencia emocional y la psique inconsciente. O tal vez ya conoces el tarot y quieres explorar en profundidad las relaciones de los arcanos y la inteligencia emocional. En ambos casos, lo que vas a encontrar aquí es una teoría nueva para asimilar el tarot evolutivo, que nos ofrece poderosas claves para integrar el conocimiento de los 22 arcanos mayores. Estas páginas son un compendio de aprendizaje vital; he de advertir que, en este caso, no estamos ante un listado de significados, ni un compendio de lecturas de cartas, ni ante una guía de cómo adivinar el futuro. Eso lo podrás encontrar, sin duda, en muchos otros lugares pero el objetivo de *Inteligencia emocional a través del tarot* es otro: ampliar la profundidad de cada arcano para que no se quede en un personaje plano, si no que cobre un sentido completo y transcendente relacionado contigo. Por que si no encontramos ese punto de unión en el que te sientes interpelado por el arcano, entonces no hemos logrado nuestra tarea de conexión.

Cuando me preguntan qué es el tarot, me gusta explicar que es un lenguaje simbólico. En ese lenguaje, cada arcano es una palabra, un sustantivo o un verbo. Y, cuando combinamos las cartas entre sí, podemos leer relatos diferentes y concretos. Algunos de estos relatos nos harán aprender; otros, temblar, y otros nos llenarán de motivación. Unos nos gustarán más, pero ninguno es mejor ni peor que el anterior, porque todos aluden a una verdad única, que merece ser desvelada y reconocida. Todos conllevan un conocimiento intuitivo que merece la pena asimilar.

La teoría de *Las Siete Puertas* organiza los arcanos de una forma radicalmente diferente, basada en la energía arquetípica y sus relaciones de afinidad. Está fundamentada sobre las deducciones que he podido constatar durante más de veinte años explorando la simbología, el significado profundo y las analogías del tarot. Las relaciones que se crean entre arcanos en las distintas formulaciones de ordenación son tremendamente interesantes y con frecuencia son capaces de abrir panoramas de sabiduría que no hubieran sido posibles de otra forma.

Evidentemente, no pretendo desbancar ninguna otra teoría de ordenación ni clamar que esta fuera la única válida. Lo cierto es que también desconfío de los dogmas, ya que creo honestamente que, también en lo espiritual, el pensamiento crítico es un regalo de la inteligencia, y que la capacidad de cuestionarnos es lo que nos hace avanzar. Sobre todo en el terreno simbólico, considero que lo mejor es experimentar, probar y meditar cualquier propuesta con tus propios criterios, incluida esta teoría. Te confieso que la teoría de *Las Siete Puertas* recoge los grandes aprendizajes de vida que me han regalado años de estudio del tarot. Han cambiado mi forma de ver el mundo y de relacionarme con los demás, me han ayudado a saber quién soy y a construir mi propósito de vida. Me han aportado tanto beneficio, que no podía quedármelo solo para mí y mis alumnos. Después de las formaciones de *Las Siete Puertas*, con frecuencia, he podido escuchar a quien participaba decir que el curso les había removido a nivel personal, hacia una mejor aceptación de la propia personalidad y que estos planteamientos estaban más relacionados con sus propias vidas que con una lectura de cartas simple y llana. Les sorprendía el grado de profundidad. Sin embargo, el tarot es un sistema simbólico que siempre ha tratado sobre el camino de la evolución del ser humano, así que lo normal es que inspire para crear consciencia sobre nuestras propias vidas. Me temo que esa sorpresa se deba a cierta visión sesgada sobre el tarot, quizás por que lo más conocido del uso del tarot es también más superficial y tal vez menos interesante.

La teoría de *Las Siete Puertas* nació a raíz de las lecturas de tarot que he hecho durante estos años, en que me di cuenta de un hecho peculiar. Y es que había un cierto número de conceptos que parecían abarcar cualquier tipo de asunto que se interpretase con las cartas. Determinadas cuestiones, planteadas por personas diferentes, obtenían una y otra vez combinaciones de cartas muy semejantes. Los arquetipos se agrupaban en formaciones recurrentes dependiendo del tema y las respuestas solían relacionarse con tres arcanos concretos, como en una triada tradicional. Cuando lo descubrí y comencé a observar esas agrupaciones metódicamente, me sorprendió comprobar que tenían una estructura coherente y que se repetía, como un mensaje no resuelto, en cientos de lecturas a personas diferentes, pero que coincidían en su dilema.

Empecé a sistematizar el estudio de las lecturas para entender lo que estaba ocurriendo con el análisis de más de 300 casos. Los resultados de esa investigación es lo que vas a encontrar en estas páginas. De esta forma llegué a formular la teoría de *Las Siete Puertas*, que son siete territorios cognitivos por los que todos pasamos tarde o temprano y que se relacionan con grandes conceptos que necesitamos resolver a lo largo de la vida. Casi todos los problemas que me planteaban se encuadran en uno de los conceptos que representan *Las Siete Puertas*, como si fueran lugares clave que todos transitamos hacia nuestra plenitud. Asuntos como el miedo al cambio o cómo organizamos nuestra vida práctica, cómo aprendemos a poner límites o cómo nos damos en el amor son cuestiones universales a las que todos nos enfrentamos y debemos resolver para poder seguir evolucionando en nuestro periplo vital. Hay determinados grupos de cartas que se encuentran conectados y que nos hablan de verdades humanas. Por cada una de esas *puertas*, pude encontrar un patrón de tres cartas que se repetía incesantemente y que nos ofrece las claves para resolver cada una de las esas etapas de nuestra evolución. Tres arquetipos cuyos significados profundos cuando se conjugan parecen cedernos tres *llaves* o códigos para desbloquear cada uno de esos conocimientos. Todos los casos prácticos que vas a encontrar en este libro pertenecen a personas reales con las que he tenido consultas y que me han dado su permiso para incluirlas como ejemplos. Algunos han preferido mantener su nombre y otros han optado por cambiarlo para permanecer anónimos.

La manera en la que se ordenan las siete *Puertas* tiene un carácter de crecimiento lógico, pero estoy convencida que el aprendizaje no será lineal ni uniforme para muchas personas. Creo firmemente que cada ser humano tiene un camino único y este recorrido no iba a ser una excepción.

Sospecho que es posible que se den retrocesos en el camino, y que una persona que haya resuelto rápidamente conceptos de algunas *llaves* tarde más en resolver alguna otra en concreto, e incluso, que vuelva a empezar en la *Puerta del Caos* para poder desaprender lo que le limita. También creo factible que una persona haya adquirido aprendizajes en determinadas esferas de su vida y no en otras, por ejemplo, que alguien haya aprendido a poner límites perfectamente en el entorno laboral, pero no en el emocional.

Los arquetipos del tarot se pueden usar como una herramienta completa de conocimiento. Es una de las maravillosas capacidades de los sistemas simbólicos. Además, este conocimiento se manifiesta de una forma integral: permite el conocimiento personal profundo, incluso de aquellos aspectos que desconocemos de nuestra propia psique. Igual que la inscripción el templo de Delfos, el tarot parece decirnos «*Noscete ipsum et nosces universum et deos*», esa frase maravillosa que merece la pena dedicarle un par de pensamientos porque encierra más verdad de lo que aparenta a simple vista: «Conócete a ti mismo, y conocerás el universo y lo divino».

Es importante destacar que, si bien el tarot es un útil increíblemente poderoso, depende de una fuente de energía igualmente fuerte: tu compromiso personal. Cuanto más aportes con tu trabajo propio, tu atención y tu consciencia, mayores serán los frutos que coseches.

En todo ser humano hay una inquietud. Hay una búsqueda, una necesidad no nombrada, a veces ni siquiera comprendida, que nos impulsa a formular preguntas y a buscar sus respuestas. Cada arte, cada oficio, cada disciplina y cada ciencia que ha desarrollado nuestra civilización tiene en realidad el mismo motor. Una misma chispa de entendimiento y de desconocimiento, que se expande de infinitas formas. Un único conocimiento al que, en realidad, llegamos a través de senderos y aprendizajes infinitos.

Mi camino de conocimiento, mi proveedor de respuestas particular es el lenguaje simbólico, y específicamente, el lenguaje arquetípico del tarot. A lo largo de estas páginas vamos a recorrer juntos una parte de ese camino, el viaje transcendente del alma hacia su plenitud. Mi máximo objetivo es que algo de lo que te cuente aquí inspire las preguntas que duermen en ti.

El Tarot como lenguaje simbólico

El tarot es arte, es historia, es imagen arquetípica, y sobre todo, es símbolo. Se podrá usar de muchas formas, pero en verdad se trata de un sistema simbólico completo. Todas sus herramientas son simbólicas, toda su expresión lo es. Desde los emblemas pictóricos como el libro de la Suma Sacerdotisa, la linterna del Ermitaño o el león de la Fuerza, pasando por la numeración de simbolismo pitagórico, hasta los títulos de los arcanos. ¿Qué puede ser más simbólico, más arquetípico que nombres como «El Emperador», «El Mago» o «El Juicio»? Simplemente con los nombres de los arcanos tendríamos un aluvión de referencias simbólicas y de elementos para saber qué nos quieren decir esos símbolos y a qué realidades aluden.

El lenguaje simbólico nos permite explorar nuestro subconsciente y obtener una comprensión que nos es difícil alcanzar con el lenguaje racional. El símbolo, al igual que el lenguaje poético, no solo nos invita a la introspección, si no que también nos hace experimentar y vivir de una forma diferente esos conceptos abstractos a los que alude. En sus imágenes, nos vemos reflejados y encontramos una forma más compleja de comprender nuestra propia narrativa vital.

¿Qué es el arquetipo?

En cada una de las cartas del tarot vemos reflejado un arquetipo básico, es decir, uno de esos modelos primordiales que constituyen la esencia de toda vida humana, que somos capaces de identificar dentro de nuestra cultura.

El psicólogo e investigador Carl Gustav Jung sostenía que estos patrones arquetípicos surgen de la experiencia humana y que se enraízan en el inconsciente colectivo, la psique colectiva que nos une. En su investigación nombró e investigó arquetipos básicos como el «*ánima*», el «*ánimus*» o la «*sombra*».

Lo cierto es que nos resulta más o menos natural reconocer arquetipos universales como el de «la madre», el arquetipo de «el viajero» o el arquetipo de «el sabio» cada vez que los encontramos en cuentos, narraciones o películas, ya que provienen de un imaginario cultural común. Dentro de este concepto, el tarot se llena de estos arquetipos fascinantes y todo los matices simbólicos que representan a través de los personajes de los arcanos. Pero no sólo representan personalidades tipo, sino que también el tarot alude a situaciones que son recurrentes en el camino del ser, etapas por las que pasamos todos en nuestro desarrollo, como la «caída», el «renacimiento» o la «transformación».

¿A qué nivel opera el tarot?

La psique humana se expresa en dos caminos: el lenguaje, que es racional, consciente y ordenado; y el símbolo, que es irracional, desordenado e inconsciente. Una gran parte del símbolo, al igual que el lenguaje, es compartido y desarrollado culturalmente. Por ejemplo, la carta número 13 no tiene nombre, pero el inconsciente colectivo ve de forma clarísima que representa la muerte.

Los símbolos operan dentro de nosotros desencadenando un conocimiento que entendemos de forma instintiva, pero que muchas veces no somos capaces de expresar verbalmente. Esa lógica onírica es la que hace que el tarot conecte exactamente aquello que necesitas desvelar.

Igual que nos ocurre con los desequilibrios emocionales, que muchas veces son más profundos de lo que aparentan, nos ocurre también con nuestras capacidades y talentos. Tal vez solo hemos desarrollado una mínima parte de esas aptitudes, mientras que el resto permanece dormido. Igual que en la teoría del iceberg, donde la parte visible de la cuestión es mínima en comparación con aquella que permanece oculta. Al utilizar los arcanos del tarot para despertar y desarrollar esos talentos, estamos poniendo en funcionamiento precisamente las mismas herramientas inconscientes para acceder a mecanismos internos aún no revelados. Es eficaz porque es el mismo lenguaje.

El mero hecho de poner los arcanos en torno a nuestras capacidades, y preguntar por la forma simbólica de desarrollo, ya representa en nuestro inconsciente el primer gran paso. Aunque no se perciba de modo racional, los arcanos están programando de una forma tremendamente poderosa y clara para nuestra psique cuál es el camino que se va a seguir. Por supuesto que hay mucho trabajo personal que desarrollar después del entendimiento de *Las Siete Puertas*, pero estás a punto de dar el primer paso para que el conocimiento se desencadene en tu interior.

Contenidos extra y recursos

Junto con este libro, he querido poder regalarte algunos recursos más personales para que puedas explorar, disfrutar y jugar con otros elementos que no caben en un libro. ¡Tenía muchas ganas de poder hablarte directamente y que escuchases mi voz en una meditación guiada!

No me puedo comprometer a que estén disponibles siempre: no sé cuando ni desde qué lugar habrán llegado mis palabras a tus manos, pero mientras sea posible, aquí tienes de regalo más recursos y contenidos para ti. Sólo tienes que escanear el siguiente código o entrar en la siguiente dirección:

https://tarot13soles.com/inteligencia-emocional-a-traves-del-tarot-recursos/

1. LA PUERTA DEL CAOS

Cómo crecer en las etapas de cambio.

¿Te has fijado lo difíciles que nos resultan las épocas de transición? Necesitamos cambios para poder añadir novedades enriquecedoras a nuestra rutina, pero también para poder dejar atrás los pensamientos rígidos y las normas que nos limitan. La cuestión es que perder el control sobre nuestra vida nos hace sentir inseguros, así que tenemos tendencia a resistirnos a salir de nuestra zona de comodidad, incluso si sabemos que es para mejor. Y aunque hay cambios que no podrás evitar, sí que puedes decidir en cierta manera cómo afrontarlos y con qué actitud quieres resolverlos.

Es normal sentir incertidumbre o resistencia ante el cambio, porque estamos diseñados para reaccionar con alerta ante lo desconocido como forma de supervivencia. Durante siglos, esa precaución nos ha mantenido a salvo intentando evitar las circunstancias sobre las que no teníamos información y que, por desconocidas, podían ser potencialmente dañinas. Pero ahora estamos en otro punto de nuestra evolución, en la que esa herencia primitiva en muchas ocasiones nos resulta más un estorbo que una ayuda.

Aún así, nos va a venir bien poder reconocer y aceptar dentro de nosotros esa emoción básica, el miedo, para poder reconocer cómo se mueve dentro de nuestras reacciones. Digamos que, hasta cierto punto, ese miedo puede ayudarte a reaccionar mientras no permitas que te paralice o que te invada la angustia. Si te centras en las épocas de transición, verás que los cambios son increíblemente beneficiosos y que no tienen por qué vivirse como un drama.

Algo que nos hace sentir particularmente frágiles es que los cambios vengan impuestos por las circunstancias y que no podamos hacer nada por evitarlos. Esa pérdida de decisión y de poder sobre la propia vida, evidentemente, es una sensación incómoda, pero se puede aliviar si tomas consciencia de aquello que sí está en tus manos como la forma en la que decides pasar la transición o si te centras en el aprendizaje que vas a obtener. Involúcrate en el proceso de cambio, aunque sea impuesto, y procura dirigirlo hacia el rumbo que tú elijas.

La *Puerta del Caos* representa nuestro primer paso en este viaje de conocimiento. Si queremos crecer, hay que empezar necesariamente por descolocar aquello que está pobremente ordenado: si quieres aprender a avanzar, primero desaprende lo que te limita. Es cierto que la *Puerta del Caos* nos incomoda y nos reta, pero, si profundizamos en esta idea sin negarla, lo que nos aporta es pura evolución.

De hecho, vendría bien pararnos un momento a reflexionar sobre el concepto que tenemos del «caos». Las mismas resistencias que sentimos en torno a los cambios y a lo desconocido se contagian en torno a la idea de «caos».

Vayamos al origen, a ver qué nos puede aportar. En los relatos mitológicos griegos, el Caos se concebía como una entidad propia, casi una criatura, que era lo único que existía antes de los dioses, antes de que aparecieran los mortales y sus leyes, antes de que establecieran el orden y las normas. Es decir, el Caos era el estado primigenio del cosmos: era puro, ilimitado y lleno de posibilidades. Al no estar sujeto a las leyes, ni seguir conductas ordenadas, podía fluir libremente en cualquier dirección. Era la fuente de toda creatividad. Fíjate qué interesante, el término «caos», que procede del griego antiguo *Xaos*, significa *«espacio que se abre»*.

El cambio es, en realidad, la única oportunidad de crecer y evolucionar.

Hay tres cartas que ofrecen tres aspectos clave para enfrentarnos al cambio y resolverlo a nuestro favor. Cada una de ellas trabaja la transición desde una perspectiva diferente: a veces necesitarás una y a veces otra, pero cuanto más desarrolles estas capacidades, mejor preparado estarás para aprovechar tus cambios vitales.

Un cambio de vida radical: el caso de Laura

Laura acababa de cumplir 30 años. Era inteligente y concienzuda. Se había esforzado y había ido poniendo el tic correspondiente en todo lo que ella suponía que debía hacerse en la vida. Me contó que había terminado su carrera universitaria, aunque en realidad no le llenaba mucho, pero que había elegido porque le habían dicho que tenía buenas perspectivas laborales. Había conseguido un buen puesto dentro de una importante entidad bancaria y había ascendido rápidamente, pero con mucho esfuerzo. También se había comprado un buen coche, se había casado con su novio de toda la vida, en una boda con 300 invitados, y se habían comprado un piso cerca de la casa de sus padres.

Me contó todos esos detalles como si significasen algo por sí mismos. Cuando llegó a mi consulta, la crisis ya había estallado, llevaba seis meses tomando Tranquimazin y toda su vida estaba haciendo equilibrios para no desplomarse. «Lo único que siento es vacío» me dijo el primer día. «Me siento estafada. He hecho todo lo que se suponía que había que hacer, debería sentirme feliz».

Cuando pregunté en su lectura sobre el detonante de su crisis, la clave nos la dio la carta de La Emperatriz. Exploramos juntas los diversos matices que simboliza ese arcano. Después de trabajar con las propuestas del tarot evolutivo, Laura tomó consciencia que la gota que había colmado el vaso eran las expectativas que se habían creado respecto a su maternidad. «Hace medio año tuvimos una conversación mi marido y yo y dijimos que era un buen momento para buscar hijos. Supongo que es el siguiente paso. Pero la verdad es que cada vez que me bajaba la regla me sen-

tía aliviada. Creo que tengo pánico a tener un bebé» Pregunté al tarot cómo estaba el asunto ahora: apareció el Ermitaño invertido. «No tenemos relaciones. Directamente, he dejado de acostarme con él».

Laura había entrado de lleno en la Puerta del Caos, se enfrentaba a la mayor crisis de su vida y, por primera vez, se estaba cuestionando todo lo que había creado.

La Llave del Loco

- El Loco es el arquetipo del cambio radical, simboliza nuestra capacidad de desaprender y tomar los riesgos que sean necesarios para encontrarnos bien. Suele representar un empujón del alma cuando no sabes exactamente adónde quieres ir, pero sí que sabes dónde no quieres quedarte.

- Se relaciona con la energía brusca y dinámica, incluso explosiva. Alude a la capacidad de hacer cambios inesperados, y a menudo aparentemente insensatos. Suele vivirse con cierta angustia e incertidumbre.

- Nos habla del concepto de irresponsabilidad, de riesgo y de inconformismo. Nos impulsa a dar el salto, a apostar por nosotros y nuestros sueños, a consentirnos ser quienes somos, genuinamente, sin importar de qué forma nos puedan juzgar.

¿Te ha pasado alguna vez que tu vida parecía ir bien, pero que tus emociones decían lo contrario? Tenemos tendencia a seguir nuestros hábitos sin plantearnos si nos están limitando o si nos están haciendo avanzar. A veces ni siquiera nos planteamos si están de acuerdo con quien realmente somos o si son ideas heredadas de otros, que hemos adoptado y dado por válidas. Cuando nos atrapa esa situación, se manifiesta la necesidad vital que representa el Loco, que nos atrae y aterroriza al mismo tiempo: la necesidad de cambio. Si quieres que algo nuevo entre en tu vida, comienza deshaciéndote de lo que te encadena. El Loco nos da las claves de esta circunstancia, ya que simboliza la energía primaria del caos y del cambio radical. Representa al aventurero y al riesgo, pero también la incertidumbre y el miedo a los cambios que se avecinan. La idea principal que pone al Loco en movimiento es *No sé dónde voy ¡pero sé dónde no quiero estar!*

¿Te has preguntado cuál es el primer requisito para aprender? Pues, a no ser que seas un niño pequeño, lo primero que necesitas es hacer espacio en tu psique para la novedad, y la mejor forma de hacerlo es desbancando las ideas que te limitan. El concepto del que nos habla la carta del Loco es el avance, aunque no haya certeza de la meta final. Implica el desapego de lo que conoces, de tus hábitos y de tu comodidad, cuando están haciendo que te estanques. De ahí que nos provoque vértigo. En parte es porque nos sentimos estables y cómodos en nuestra zona de confort, y es precisamente la energía del Loco la que viene a decir *Sigue avanzando, aquí ya no estás haciendo nada.* Con la carta del Loco no sabemos qué está pasando en realidad ni podemos explicarlo bien. No sabemos cuánto durará ni cómo va acabar nuestra aventura, no sabemos si nos hemos vuelto locos o si hemos tenido una revelación...

La vida que conocíamos parece desvanecerse detrás de nosotros y ya no nos ofrece apoyo, pero aún no nos hemos asentado en la nueva etapa. La sensación es como de encontrarse en tierra de nadie, llevados por la vorágine.

Aunque no lo parezca, el arquetipo del el Loco siente miedo y confusión. Estas emociones las vemos reflejadas en el perrito que le desgarra la calza, que le habla de los hábitos cotidianos y fáciles. El perro simboliza lo que está domesticado, conforme y cómodo aunque no sea dueño de su vida. Son los ladridos del mundo práctico y conformista los que recriminan al Loco el hecho de atreverse a seguir su camino.

Cuando profundizamos en la simbología de este arcano nos encontramos con una de las metáforas universales en la búsqueda del autoconocimiento: el arquetipo del peregrino. Es la figura del sabio que emprende un viaje iniciático, en busca de sí mismo, alguien que se aparta de lo convencional y que vemos representado en multitud de religiones y mitologías. Cristo, Buda y Mahoma son tres de las figuras que cumplen con este peregrinaje simbólico, pero aparece, con mucha profusión, en la mayoría de culturas. En el tarot, de hecho, encontramos dos figuras de peregrinaje: el Loco y el Ermitaño. Sus periplos son diferentes, mientras el Ermitaño se aísla y su recorrido es la búsqueda del conocimiento interior (como veremos más adelante), el Loco salta al mundo, buscando en lo exterior algo que aún no sabe que es, en busca de las revelaciones imprevisibles que surgen de los viajes iniciáticos.

El peregrinaje simbólico tiene tres fases necesarias: la fundamental es recorrer el camino; la segunda es llegar al destino marcado; y la última, el regreso al origen. Durante el viaje iniciático, descubres la importancia que llegan a tener los sucesos, encuentros y aprendizajes que vives y que ni siquiera podrías haberte planteado antes de comenzar el peregrinaje. Esos elementos nuevos, las personas que conoces, los conocimientos y retos que superas, todos vienen de la mano de lo inesperado.

La segunda función es vital: llegar a tu destino. El peregrinaje no puede ser eterno, no tendría sentido si se va de un sitio a otro sin objetivo, o sin rumbo. Precisamente eso es lo que lo diferencia del vagabundeo: *me aparto de la vida para obtener un conocimiento, pero luego regreso a ella, para poder compartir y aplicar lo que he aprendido.*

Y aquí llega la tercera parte del peregrinaje: volver a casa. Regresar, cuando ya has cambiado, a desafiar a las estructuras cotidianas que te exigen que vuelvas a ser como antes.

Es sencillo cambiar mientras se está siguiendo la energía del Loco: nada te detiene, nada te limita. Nadie te conoce ni te juzga, cambias de forma repentina todos los hábitos. El desafío es volver con esos cambios a habitar nuestra cotidianidad. Instaurarlos cuando nuestro círculo se resiste a aceptar nuestros cambios, porque dentro de cualquier sistema de relaciones, el cambio de uno obliga al resto a reconsiderar su papel.

El Loco y el caso de Laura

En su época de crisis, el impulso irresistible que sentía Laura era el de dejar el trabajo. Lo cierto es que posponía la decisión porque casi todas las personas de su entorno la cuestionaban. Le decían que era un buen trabajo. ¿Dónde vas a encontrar algo mejor con la que está cayendo? Y, cuando Laura intentaba explicar la ansiedad que experimentaba en el trabajo y el vacío que sentía, parece ser que la respuesta más común era que no estaba tan mal, que se quejaba por nada y que, cuando tuviera un niño, se le iban a olvidar esos pajaritos mentales.

Así que la única forma que encontró Laura de romper con un trabajo que la asfixiaba fue de golpe, sin pensarlo y sin tener un plan B. En medio de una campaña muy exigente, sin preaviso y sin que nadie lo esperase, presentó la renuncia a su cargo.

La noticia cayó como una bomba en el entorno de Laura. Su marido, sus padres y la mayoría de los amigos se mostraban muy preocupados por ella. «¡Sin finiquito, ni paro! ¡Tal como está el trabajo!» La mayor parte de sus conversaciones la hacían sentirse insegura e insensata, sobre todo, cuando preguntaban por sus planes de futuro.

Cuando le hablé sobre el simbolismo del Loco, sus motivaciones y la tendencia a ser poco aceptado por la norma social, Laura abrió mucho los ojos y asintió: «Eso es exactamente lo que me pasa a mí» me confesó «no había podido explicarlo antes. Siento que están contra mí, pero yo no veo ese cambio positivo que dices, estoy de los nervios».

Hicimos un breve ejercicio de meditación con el arcano, para que conectase con sus emociones. Cuando consiguió acallar sus pensamientos, la frase que dijo le cambió la cara: «Tal vez esta sea mi oportunidad de volver a empezar».

La Llave de la Torre

- La Torre simboliza aquello que no podemos controlar. Representa las influencias externas, que destruyen las ideas que nos habíamos creado y que se desmoronan frente a la realidad. Es una carta que se vincula con la decepción, la caída, la sensación de traición, y que se puede asociar a una época de angustia y dolor, sobre todo, si se niega y rechaza la realidad que lo sustenta.

- Se relaciona con la necesidad de derribar ideas y estructuras mentales que ya no son válidas, revisar nuestro corpus de creencias y valores, pero también simboliza romper con aquellos elementos de nuestro camino que ya no se sostienen, que son quimeras y ensoñaciones, o simples prejuicios.

- Dentro de sí, la Torre representa el antagonismo de la soberbia y la humildad. Nos ayuda a entender que sencillamente solo somos humanos y asumir que una parte de nuestras vidas no está bajo nuestro control, si no en manos de la vida.

Para integrar la Torre, una de las claves es comprender nuestra resistencia a cambiar de opinión. Intentamos no cuestionar las ideas que nos hemos formado, por falsas o dañinas que sean. El divulgador Eduard Punset define de forma certera la resistencia al cambio: «La ciencia moderna está poniendo de manifiesto, al contrario de la creencia generalizada, que la infelicidad tiene sus raíces en la manía del cerebro de no cuestionar ni renunciar a sus creencias. De aferrarse a convicciones falsas. De no desaprender. De no profundizar, precisamente, en el conocimiento de las cosas y las personas como son, y no como creemos que son[1]».

¿Te has preguntado alguna vez qué es lo que te decepciona de otras personas? A veces invertimos más tiempo en construir alrededor de una persona lo que creemos que es (lo que necesitamos que sea, lo que nos gustaría, lo que pensamos

---

1. Eduard Punset (2011). *Excusas para no pensar*. Barcelona, Destino.

que es correcto que sea) en vez de prestar atención real y descubrir cómo es de verdad. La decepción ocurre cuando la realidad choca con la idea fantasiosa que nos hemos formado. El problema no es que tu pareja, o tu familiar, o tu amigo hayan cambiado de pronto. La cuestión es que el comportamiento real de esa persona no coincide con el comportamiento que le habías adjudicado en tu mente.

Los demás actúan de acuerdo con quiénes *son*, no tiene sentido pensar que van a actuar de acuerdo con lo que *creemos* que son. Pero después nos sentimos traicionados y nos enfadamos, aunque la responsabilidad está en nuestro campo, porque no habíamos invertido la atención necesaria para conocer a la otra persona. En realidad, no son las personas o las circunstancias las que nos decepcionan, sino la fantasía que habíamos creado en torno a ellas. Lo que duele es comprobar que nos hemos equivocado y que tenemos que cambiar nuestras creencias para que sean fieles a la realidad. Es preciso derribar las estructuras ilusorias de la Torre para tener la posibilidad de construir algo que sea de verdad.

Los cambios representados por la Torre se relacionan con emociones primarias como el miedo y la negación a los cambios que se están produciendo, sobre todo, si son inesperados y traumáticos. Dentro del proceso de transición aparecen emociones como la rabia, la frustración, la confusión y el sentimiento de pérdida. Si te fijas, esta energía dinámica se enfrenta directamente con nuestra programación biológica, que se estresa ante los cambios y lo inesperado.

Hay dos grandes miedos en la vida. Uno es el miedo al cambio, en todas sus facetas: la pérdida, la transformación, la inestabilidad, lo desconocido y la muerte. Y el otro es la consciencia de que puedes tomar tu vida y hacer algo de verdad con ella. Son las dos grandes tareas a las que nos enfrentamos, la pérdida y la acción.

Dentro de la *Puerta del Caos*, la Torre representa la consolidación del derrumbe. La *Llave de la Torre* es imprescindible, igual que la del Loco, y dependiendo de tu personalidad de y tus experiencias de vida, entrarás a comprender la *Puerta del Caos* mediante el Loco o mediante la Torre. Supone lo inevitable, la destrucción. Simboliza la ruptura con la zona de confort y con las construcciones mentales que se vienen abajo, tal vez porque estaban construidas sin base suficiente. O, en el mejor de los casos, porque somos humanos, y visto a través de los milenios del tiempo, toda construcción se derrumbará en algún momento.La Torre representa la necesidad de validar o destruir nuestras creencias; romper con aquello que nos han contado. ¿Cuántas de las cosas que te han contado has descubierto que no son verdad? O, al menos, que no son verdad cuando se aplican a ti y tu vida.

En la Torre aprendemos a diferenciar lo auténtico de lo que es un constructo social.Hay que tener en cuenta que vivimos en una cultura en que prima el conocimiento académico, en lugar del conocimiento de la experiencia. Parte de nuestra necesidad de desaprender se debe a que aprendemos mediante la imitación, mediante la repetición, en algunos casos sin que ningún cuestionamiento sea permitido. Parece ser que biológicamente estamos diseñados para la mímica, para contagiarnos de los gestos del grupo al que pertenecemos, con el objetivo de mejorar la supervivencia.

Pero, superado ese estado, la capacidad de cuestionar e integrar de forma vivencial el aprendizaje se vuelve imprescindible. Fíjate, porque en realidad, no puede haber un conocimiento que sea realmente transformador, si no somos capaces de integrarlo en nuestra vida. Lo demás es un mero acumular datos, precisamente, el tipo de datos que derribaremos con la Torre, porque todo lo que sea memorizado en lugar de ser vivido y experimentado, no genera ningún tipo de transformación ni crecimiento en la persona que lo recibe. El símbolo, en cambio, es absolutamente vivencial, por eso el tarot nos sirve como una herramienta perfecta, un sistema completo para generar preguntas y para inspirar tus propias respuestas. En realidad, lo que otra persona te enseña es útil si te mueve, si te conmueve, si te inspira, si te ayuda a romper las estructuras inválidas de pensamiento. Solo si asimilas el aprendizaje en ti, alcanzará significado real y transcendencia.

Ya venga el cambio impuesto desde fuera o sea propiciado por tu propia inquietud, la *Puerta del Caos* nos enseña que para poder avanzar hay que salir de lo cómodo, de aquello que asumimos como cierto sin planteárnoslo. Por eso esta *Puerta* tiene mucho que ver con el miedo y con la superación del miedo. En este caso lo importante no es la emoción, sino el hecho de enfrentarse a ella y no dejarse arrebatar. Supone avanzar, transitar el miedo y atravesarlo para descubrir qué hay al otro lado, donde ya no gobierna.

A pesar del miedo, no te detengas.

La persona que nunca pasa por una «situación Torre» o es tan humilde que ya sabe lo que este arquetipo encierra o simplemente se ha quedado sin un conocimiento maravilloso. Es curioso, porque lo cierto es que la Torre es una de las situaciones vitales a las que se refiere el tarot que más dolorosas nos resultan. Y, sin embargo, por norma general, cuando ha pasado suficiente tiempo y se recuerda aquella época, se experimenta un sentimiento de gratitud.

Algo así como: *«Menos mal que vino algo y derribó aquella cosa tan espantosa que estaba empeñado en construir. Dejé de invertir tiempo y energía en algo que no se sostenía, que no iba a ninguna parte. Menos mal que la estructura cedió, así me di cuenta de lo endeble que era.»*

Como te decía antes, la Torre simboliza el orgullo y la humildad: la toma de consciencia de que no siempre está en nuestras manos cambiar absolutamente todo. No tenemos la obligación de ser todopoderosos. La Torre es precisamente lo contrario: una alegoría de la fragilidad del ser humano. En general, nos cuesta asumir el mensaje de la Torre, porque nos conecta con la única parte de nosotros que no tiene el control y que entiende que hay elementos más poderosos que nosotros mismos. Es probable que cuanto más dirigido estés hacia la toma de responsabilidad de tu vida, más difícil encuentres integrar la Torre. Esa toma de responsabilidad tiene un límite y es precisamente ese límite el que no quiere admitir el ego espiritual. Porque integrar la Torre supone la aceptación de la humanidad en todas sus facetas, incluyendo la debilidad.

De hecho, este es el único de los 22 arquetipos que nos dice: *«No todo lo controlas tú. Hay elementos que influyen en tu vida que no están bajo tu control y que no puedes dominar. Hay fuerzas externas que pueden tener una repercusión directa en tu vida, lo merezcas o no lo merezcas, lo hayas buscado o no lo hayas buscado. Vives en un complejo tapiz de interrelaciones, no todo está centrado en ti. En ocasiones, los sucesos de tu vida no son generados por ti, porque no eres el centro del universo. Solo eres el centro de tu universo.»*

Aquí es preciso asumir que estamos sujetos a determinadas leyes por encima de nuestra voluntad. Conceptos tan básicos como asumir que somos materia y que estamos formados de células. Y que no puedes hacer mucho para impedir que la materia envejezca y se debilite. Que no podemos hacer mucho para evitar envejecer y morir, por ejemplo, por muy mal que se lo tome nuestro ego. La Torre nos enseña humildad, la comprensión profunda y llana de que solo somos humanos. Nada más y nada menos.

Uno de los grandes espejismos para comprender este arcano es cómo vivimos actualmente. Las ciudades son un buen ejemplo. Está claro que una de las capacidades indiscutibles del ser humano es nuestra habilidad de modificar el entorno: dentro de la ciudad todo está hecho a nuestra medida y nos acostumbramos a pensar que todo lo que existe debe ser así, de nuestro tamaño, con leyes ordenadas que nos protejan. Pero la existencia es más grande que nuestras construcciones, nuestras Torres en realidad pueden colapsarse en cualquier momento aunque nos cueste reconocerlo. Apenas somos una fracción infinitamente diminuta de la grandeza del cosmos.

En la naturaleza entendemos mejor la Torre, porque en un desierto, por ejemplo, las reglas cambian. En medio de una montaña nevada, las reglas que sirven para la ciudad se vuelven inútiles. Algunas cosas que parecen muy importantes en tu día a día se volverían irrelevantes si tuvieras que pasar una noche perdido en el monte. Si las reglas de la supervivencia cambian, tu fragilidad como ser vivo se hace patente. Todas las normas sociales que has luchado por seguir, los bienes materiales, el prestigio, la estabilidad o cualquier otra cosa, perderían significado. Construimos jaulas de oro, barreras, ciudades y planes pensando que vamos a ser eternos y que lo que hemos creado hoy va a permanecer siempre. Pero sencillamente no es así. Somos tremendamente vulnerables, aunque nos duela asumirlo.

Pero es sano y liberador hacerlo. No siempre podremos construir lo que queremos. Resulta beneficioso aprender que hay algunos límites porque no tenemos que equipararnos a la idea de los dioses.

La Torre y el caso de Laura

Mientras que el cambio con el Loco en Laura había sido rápido e inesperado, la Torre fue su guía en un proceso de transición más lento y más profundo. Laura estuvo varios meses revisando sus propias ideas, qué creencias la ayudaban y cuáles le pesaban como anclas. Había muchas pequeñas cosas que había dado por válidas y no se había cuestionado, pero la gran Torre que se vino abajo con Laura era una que la dejó temblando y la liberó. El concepto en sí era muy simple y muy básico, pero, cuando Laura lo pronunció en voz alta, sabiendo que era verdad para ella, todo su sistema de creencias dio un vuelco. Llevábamos varios días trabajando los pensamientos que disparaban su angustia y los mensajes que había acatado como inamovibles socialmente, desde sus padres, a su pareja y su entorno. Después le pedí que hiciera una lista de afirmaciones que estuvieran de acuerdo con ella, aunque estuvieran en contra de esas creencias que había heredado.

Lo que me contó aquella tarde fue esto, y aunque parezca simple, era rotundo para ella: «Soy una persona diferente a mi madre, lo he sido en muchos aspectos. No tengo por qué seguir su camino». «Puedo amar a mi pareja, aunque no tenga los mismos deseos que él. Que no cumpla con sus expectativas no significa que le quiero menos a él, sino que me quiero yo lo suficiente». «Soy una mujer y no tengo por qué tener hijos. No estoy obligada a que me gusten los niños. No todas las parejas tienen por qué tener hijos y pueden ser completos».

Las afirmaciones, cuando se hacen con consciencia, son un elemento muy potente para nuestra psique. Después de escucharse a sí misma decir lo que pensaba de verdad, Laura me miró unos instantes a los ojos y me dijo: «Es verdad. No quiero ser madre. Tengo que contárselo a mi pareja».

La Llave Maestra del Juicio

- El Juicio es el arquetipo de la renovación, del reinventarse. Se relaciona con el despertar después de un tiempo «dormido», es la toma de consciencia. Tiene que ver con la capacidad de cuestionarte sobre aquello que es realmente importante y actuar en consecuencia.

- Esta energía implica cambios cuando uno se despide definitivamente de esas cosas que en realidad llevaban «muertas» un tiempo, para centrarse en lo que de verdad desea el alma.

- Es una carta de renacimiento, de cambio sereno que implica saber muy bien quién es uno mismo y qué es lo que quiere de verdad conseguir en su vida. Simboliza una conexión profunda con la verdad y la capacidad de cribar y separar el oro de la grava. Implica poner en tela de juicio todas tus creencias y situaciones vitales.

El Juicio es una carta maravillosa. Sus símbolos son de una belleza metafórica deslumbrante. ¿Recuerdas la historia cristiana de el *Juicio Final*? Es a lo que alude este arcano, el momento en el apocalipsis, el fin del mundo, cuando los muertos se levantan de sus sepulcros a la espera del juicio que les conduzca al cielo o al infierno para la eternidad. Lo cierto es que era una representación muy habitual en el Renacimiento, en que se mostraban todas las cortes celestiales, con ángeles, arcángeles y querubines, con la figura de Cristo en el centro como juez supremo, y también, en el otro extremo, dibujaban la boca del infierno, a veces con profusión de detalles de torturas y elementos demoniacos. Esta era la representación más frecuente, ahora, lo que ya no es nada frecuente es que en una representación del Juicio Final se vea únicamente al ángel tocando la trompeta para despertar a los muertos, que se levantan de sus sepulcros. ¿Por qué elegir solo esta parte, el momento del sonido de la trompeta? ¿Qué simbolismo encierra mostrar solo esta escena en el Juicio Final, en lugar de la considerada más importante, que es

Cristo decidiendo si el alma del difunto va al cielo o al infierno? El tarot, al poner el énfasis solo en estas figuras, está dando un mensaje simbólico algo diferente al tradicional, un matiz distinto. Está centrándose en el despertar de aquello que estaba muerto y que ahora ha resucitado. El sonido limpio y contundente de la trompeta, que toca el mensajero de la divinidad, hace que el ser humano tome consciencia y despierte de su sueño o de su aparente muerte. Las tres figuras son una mujer, un hombre y otra persona de espaldas, posiblemente un hombre religioso por la tonsura en su cabeza. Representan lo femenino, lo masculino y la renuncia al deseo sexual. Los tres están desnudos porque, simbólicamente, todo lo que no les pertenecía ha muerto definitivamente y se ha quedado enterrado, mientras que lo que es realmente importante, su esencia vital, ha renacido desnuda y sin ocultarse.

Este arquetipo te invita a cuestionarte: ¿cuáles son tus prioridades vitales? Llegado el momento, ¿de qué te desprenderás y enterrarás definitivamente?, ¿qué es lo verdaderamente importante en tu vida?, ¿qué amas? y ¿qué es aquello que estás dispuesto a hacer renacer con toda tu energía? Esta era la última pieza que necesitamos para entender la *Puerta del Caos*: la toma de consciencia.

El Loco representa los cambios que tienen que ver con nuestra concepción, con nuestra forma de pensar y cómo nos atrevemos a hacer cambios radicales. Con la Torre entendemos lo que no podemos controlar, las presiones externas o lo que nos ha ocurrido inesperadamente. Son las circunstancias las que hacen que cambiemos de forma de pensar, que nos amoldemos de forma obligatoria a nuevas situaciones, en las que los antiguos patrones de conducta y de pensamiento ya no tienen sentido. Y el Juicio es la *llave* que domina ambas energías, las integra y supone el conocimiento total de nuestros procesos de transición.

El Juicio tiene dentro de sí una parte de caos, una relación muy potente con la idea de ruptura y, sin embargo, es un arquetipo de control, porque supone el cambio consciente y bien canalizado. Es la forma en la que celebramos el cambio en vez de rehuirlo, porque entendemos de forma profunda que simboliza un renacimiento. Representa el momento del despertar vital, cuando percibes lo que no funciona en tu vida, lo que no tiene que ver contigo y lo que no merece la pena. Y, al mismo tiempo, revives todo aquello que sí está conectado contigo, aquello realmente importante. El escritor William Bridges explica certeramente este proceso de cambio:

> [...] hemos olvidado la importancia del tiempo improductivo, y del invierno, y de los silencios de la música. Hemos abandonado todo un sistema de tratar con la zona neutral a través del ritual, y hemos intentado manejar el cambio personal como si fuera algún tipo de reajuste. Y al hacerlo de esta manera, hemos perdido cualquier método para darle sentido a la sensación de pérdida y de confusión con la que nos encontramos cuando hemos pasado por la desconexión, el desencanto o la desidentificación.[2].

Precisamente, el concepto del Juicio es volver a ese ritual de cambio que permite celebrarlo en lugar de temerlo. Es un arcano de limpieza, de descarte, de aceptación. El Juicio es capaz de llevar el cambio a cabo con consciencia, sin sufrimiento, en una época de maduración, quietud y autoconocimiento. Es un proceso más lento que otras cartas de cambio, pero también es emocionalmente más distante, porque ya está claro cómo actuar en consecuencia. Representa la época en la que los cambios se van comprendiendo de forma madura. Ha invertido mucho tiempo de reflexión, y al fin las cosas caen por su propio peso, y encajan sin esfuerzo. Por eso el Juicio afecta a todos los ámbitos de la vida. La filosofía personal no puede estar compartimentada, sino que forma parte de un todo orgánico en tu concepción del mundo. La persona que es detallista en sí misma también lo será en la relación con los demás o en el trabajo, ya que todo está conectado dentro de nuestra personalidad. Así como actúas en un ámbito, actúas en el resto. El Juicio entiende que tu coherencia es una clave vital: actúa de acuerdo con lo que crees. Vive de acuerdo con quien eres. Cuando tu Juicio es claro, centrado, nadie puede comprarte. En el momento en que tomas consciencia de quién eres y qué quieres hacer con tu vida, de cuál es tu propósito, no hay chantaje que pueda ser efectivo. Te pueden ofrecer dinero, amor, amenazas... que te

---

2. William Bridges (2011). *Managing Transitions*, Londres, Nicholas Brealey Publishing.

dará igual. Eres de una pieza, ya no estás fragmentado. Cuando alcanzamos a integrar el conocimiento de este arcano, somos incorruptibles. Hay una libertad tras el cuestionamiento, porque nada se hace de forma automática, sin reflexión, el arquetipo del Juicio no hace nada porque se lo hayan contado o porque se lo hayan ordenado. Primero lo piensa, observa y decide. ¿Cuál es el objetivo? ¿Es eso lo que quiero ser o conseguir? Este arquetipo está indisolublemente ligado a lo que es importante en el propio acto de vivir, y todo lo que es secundario se devuelve a su lugar. El arcano del Juicio también se relaciona con la sensación de revelación, cuando alcanzas a entender con claridad. Ahora bien, es importante entender que esa revelación es personal y privada, solo te sirve a ti. Si se lo cuentas a quien aún no está preparado para recibirla, simplemente no alcanzará a comprender la transcendencia de esa revelación. Y si se lo cuentas a alguien que ya la ha tenido, no le supondrá una revelación, porque ya estará integrada en si mismo. Por eso, la potencia de las revelaciones del Juicio se quedan en tu propia vida y sus parámetros corrigen rumbo en tu camino personal, aunque tal vez no sirvan para otros.

Esta claridad de juicio jamás puede venir de lo externo, de otras personas. Solo tiene sentido y solo es transcendente para quien lo vivencia. Para que su función sea real y liberadora, tiene que surgir de uno mismo, no de un gobernante, de un maestro, de unos padres o de cualquier otra persona que creas que sabe mejor que tú lo que te conviene. Esos juicios no sirven, porque cuando no es tu propio Juicio, se convierte en lo que todos sabemos: juzgar a otros. No necesitas que nadie valide en lo que crees ni quien eres. Esa validación sólo cobra sentido auténtico cuando proviene de tu esencia. De igual manera, tus parámetros te servirán solo a ti, no a las personas que te rodean. No sirven para tu pareja, tus compañeros, o tus hijos. Cada uno de nosotros tiene la capacidad de tomar consciencia plena de lo que queremos ser y hacer con vuestra vida. El Juicio representa el aprendizaje a través de la experiencia, pero también (y esto es interesante) el aprendizaje en contra de la experiencia: aunque mi vida hasta ahora hayan sido todo Torres, no me voy a consentir pensar que solo me esperan decepciones. De la mano del Juicio, renacemos y nos reinventamos sin lastres.

El Juicio y el caso de Laura

Tiempo después, Laura me contó que su proceso con el Juicio le había resultado mucho más fácil y más rápido, después de aquel momento clave. «Es como cuando sacas toda la ropa del armario, que al principio es un caos y toda la habitación es un desastre, pero luego te resulta mucho más fácil ver qué cosas sirven y cuáles no».

Eso mismo había hecho ella, pero con todos los ingredientes de su vida. Por ejemplo, se había dado cuenta que luchaba por conservar ciertas relaciones sociales con las que no tenía mucho en común. Se permitió sentir qué ocurría, y el resultado es que se sentía peor después de quedar con ellos, con menos confianza y menos alegría. Así que había decidido no volcarse tanto ni invertir tanto esfuerzo en esas relaciones.

Su pareja, por otro lado, había reaccionado mucho mejor de lo que ella había esperado cuando le dijo que no quería tener hijos. Tras asimilarlo, al final, su marido le dijo que él en realidad lo que quería era tener hijos con ella, que para él no tenía sentido tener hijos con otra persona y que prefería quedarse a su lado. Para ella, esta declaración supuso una verdadera Torre: se había hecho una idea de su pareja muy distinta a lo que estaba demostrando y, de alguna forma, tuvo que poner el contador a cero en su relación.

Ahora Laura tiene 36 años y suele decir que su cambio radical fue laboral. Trabaja en el centro de hípica del que había sido socia durante años. «Gano menos dinero, pero cada día cumplo el sueño que tenía desde pequeña». Pese a lo que dice, probablemente su mayor cambio ha sido su forma de pensar. Ahora, cuando le preguntas sobre su crisis de los 30 dice: «No fue fácil, pero fue lo mejor que me podía haber pasado. En aquellos momentos, cuando hablábamos de los cambios que necesitaba, y me decías lo bien que podía llegar a estar, simplemente no podía imaginarlo en mi cabeza».

Lectura de la Transformación

Esta sencilla lectura está creada para ayudarte a transitar las etapas de cambio con más claridad y consciencia, para que esa transformación necesaria sea el camino más ligero y nutricio para tu alma.

1. *¿Cómo estoy enfocando la transformación profunda que se está llevando a cabo en mí?*

2. *¿Qué aspectos puedo dejar ir para facilitar mi crecimiento?*

3. *¿Qué aprendizaje sagrado trae consigo esta etapa?*

4. *¿Qué cualidades nuevas están listas para emerger de mi interior?*

5. *¿Qué nuevos horizontes se abren ante mí tras la transformación?*

2. LA PUERTA DE LA ABUNDANCIA

Cómo generar nuevos hábitos.

Llegamos a la segunda *puerta* y nos encontramos en una situación emocionante. Nos hemos desprendido de los libros viejos en la biblioteca de nuestra mente y ahora tenemos espacio para colocar los nuevos libros que queramos adquirir. ¡Un mundo de posibilidad se despliega ante nosotros!

La *Puerta de la Abundancia* se ocupa de las necesidades primarias. Necesitamos tener determinados aspectos cubiertos, como el alimento o un entorno físico que nos aporte determinada seguridad para poder seguir nuestro camino hacia la plenitud. Acabamos de salir de la *Puerta del Caos*. Aún estamos removidos e inseguros, así que buscamos la protección de una cueva donde refugiarnos y un poco de estabilidad.Aunque este viaje a través del tarot tiene un marcado carácter espiritual, es importante recordar que todo está relacionado y que la parte física y material es una de las bases de nuestro bienestar.

Eres cuerpo, tanto como eres alma, y la abundancia supone cuidar de la misma forma todas tus facetas. Sería muy difícil dedicarte a la meditación, por ejemplo, si tienes hambre de dos días. Si quieres crecer, primero organiza tus hábitos y tus rutinas. Si tu alimentación no tiene los nutrientes que necesita, por ejemplo, es difícil que tu cuerpo esté lleno de energía. Si hay un gran desorden a tu alrededor, tal vez sea más difícil cultivar serenidad dentro de ti. Ordena tu vida de la forma que necesitas para sentirte a gusto.

Es cierto que las circunstancias que nos rodean tienen influencia sobre nosotros, pero también conviene tomar consciencia de nuestro margen de actuación e intentar tomar decisiones a nuestro favor. ¿Y si pusieras en marcha los mecanismos que posees para crear mayor abundancia en tu vida? *«La abundancia no es algo que adquirimos, es algo con lo que nos conectamos»* asegura el renombrado psicólogo Wayne Dyer. Conectamos con la idea de que en el mundo hay suficiente para obtener lo que necesito. Y me refiero a la abundancia, como la oposición a la carencia. Puede ser abundancia económica, pero también puede ser abundancia emocional, abundancia de relaciones satisfactorias, abundancia de una labor que te apasione, abundancia de serenidad.

Imagínate una persona que siente que sus relaciones sociales no son todo lo buenas que le gustaría o que echa en falta amigos con los que compartir sus inquietudes menos comunes. Vamos a imaginar que respondería si le preguntamos lo siguiente: ¿Cuánto tiempo has dedicado a mejorar tus amistades?, ¿has investigado sobre nuevas formas de relacionarte con los demás? o ¿te has propuesto conocer gente nueva? Si damos por sentado que la abundancia es absolutamente ajena a nuestras acciones, simplemente no vamos a poner en marcha recursos como nuestra atención y esfuerzo en buscar lo que necesitamos. ¿Qué crees que ocurriría si esa misma persona decide dedicar dos horas cada día a mejorar sus relaciones sociales? Tengo la certeza de que conseguiría algún tipo de cambio. Aquel aspecto de tu vida en el que centres tu atención, tu aprendizaje y tus esfuerzos crecerá en abundancia. No te quepa la menor duda.

«¡No llego a fin de mes!» El caso de Marta

El problema de Marta era sobre todo económico. Marta tenía 25 años y trabajaba como informática en una empresa de márquetin, con un contrato de media jorna-

da. *En su primera consulta de tarot evolutivo, preguntamos por las finanzas y la Torre y el Carro invertido aparecieron varias veces. Indicaban que la base de sus conocimientos económicos era muy endeble, que tenía una estructura financiera que se derrumbaba continuamente y que el panorama se agravaba porque tenía bastante descontrol de gastos. Así habían sido sus últimos años respecto al dinero y así estaba su cuenta bancaria en ese momento.*

Cada vez que yo preguntaba «¿Qué está haciendo Marta actualmente para mejorar este aspecto?», aparecía el Juicio invertido. Marta no solo no veía con claridad lo que podía hacer, sino que ni siquiera se lo había planteado. Inconscientemente, prefería seguir mirando hacia otro lado, mientras se quejaba de los números rojos del banco y de los intereses.

Pero la precariedad con la que se enfrentaba al final de mes la hacía sentirse insegura y un tanto incompetente. «Tengo la sensación de estar desprotegida, como si en cualquier momento pudiera venir una mala racha y terminar mal».Lo cierto es que siempre había obtenido ingresos regulares, pero no conseguía llevar sus cuentas al día. Con frecuencia se encontraba pagando altas comisiones por descubiertos a su banco y, en dos ocasiones, se había visto obligada a pedir mini-créditos rápidos para hacer frente a pagos inesperados, como la reparación de su coche. Se sentía agotada. Llevaba tiempo con el agua al cuello y se estaba acostumbrando a pensar que siempre viviría así.

La Llave del Mago

- El Mago simboliza el inicio, donde toda la energía es pura, radiante, arriesgada e impaciente. Este arcano nos hace conectar con nuestra parte curiosa, con la necesidad de aprender y de comenzar proyectos, incluso cuando su función no sea terminar todo lo que empieza, sino seguir moviéndose hacia intereses diferentes.

- Representa la confianza en la vida, la capacidad de arriesgar y lanzarse a ser uno mismo. Su carácter es dinámico, original, creativo e impulsivo. Podríamos decir que este es el arcano capaz de hacer cosas imposibles, porque nunca creyó que lo fueran.

- Se relaciona con la alegría, lo ligero, la infancia y la juventud, y todas aquellas cosas que hacemos por el puro placer de hacerlas, porque nos llaman la atención. Una de sus grandes enseñanzas es que, para recorrer cualquier camino, es preciso dar un primer paso. Para lograr cualquier sueño, hay que pasar a la acción y poner la energía en movimiento.

Ha llegado el momento de incorporar nuevos hábitos que te lleven a tus objetivos. Aquí es donde obtenemos las herramientas que vamos a necesitar, esos nuevos pensamientos y aprendizajes, que en lugar de limitarnos, nos conectan con la abundancia.

Pero... ¿por dónde empiezo? El Mago te dice: «*Vuelve al principio. Vuelve a aprender. Pero en esta ocasión, comienza por lo que te aporte alegría, permítete elegir aquello que te ilusione. Lo que resuena contigo, lo que te llama la atención. Si tienes un objetivo, da el primer paso hacia él. Es mejor que lo hagas, aunque no sea perfecto, a que no exista. Siempre podrás corregir rumbo más adelante, pero es imprescindible que ahora te pongas en marcha.*

El Mago nos enseña a tener fe en la abundancia del universo. Lo que crees en tu mente es lo que con mayor probabilidad crearás en tu camino. El primer paso es que te des cuenta de que, de verdad, puedes llegar a hacer eso que quieres; que es posible y real, y que puedes incorporar a tu vida los hábitos que te propongas. La primera condición es, en efecto, que tengas la creencia sólida de que puedes hacerlo. Porque, si de verdad lo crees, lo siguiente será buscar la forma de hacerlo.

Pero, si crees que no puedes, lo siguiente que harás será buscar las excusas para no hacerlo y validar tu creencia. *Ya, pero no todo el mundo puede conseguirlo todo. Por mucho que quiera, no me pueden salir alas y volar.* Estoy segura de que ese es un argumento muy válido. Pero hay personas que, en vez de creerse ese planteamiento, empezaron a investigar la forma de construir un avión. Y ahora todos podemos sobrevolar océanos y llegar a casi cualquier parte del mundo. Esto no está relacionado con poner el foco en lo que está fuera de nuestro alcance de actuación, si no centrarse en lo que sí podemos transformar.

Una de las claves del Mago es que mantiene la ilusión intacta. Es imprescindible, después de haber pasado por las decepciones de la Torre, que podamos cultivar una cierta parte inocente, capaz de sorprenderse para poder avanzar sin rencores. De lo contrario, significa que aún estamos en la *Puerta del Caos*. Mientras estemos enganchados en la sensación de traición de la Torre, no podremos iniciar la *Puerta de la Abundancia*.

A pesar de todo lo que has visto en el mundo, a pesar de los fracasos y del dolor, debes saber que hay un camino para ti, que puedes recorrer con confianza. Aunque hayas experimentado carencias, es vital que sepas que la abundancia es una posibilidad real: lo que te va a suceder en tu vida no tiene por qué ser igual a lo que te ha sucedido antes.

Si quieres vivir plenamente, arriésgate y confía en que el mundo te proveerá de lo que necesites. Es como soltar todo el aire que tienes en los pulmones: una carga viciada que ya no te aporta oxígeno, que ya no te sirve para respirar. Pero, cuando la sueltas y te vacías, es porque tienes fe en que a tu alrededor hay aire para ti, que podrás volver a respirar, que el mundo te está dando aquello que necesitas para vivir. Solo tienes que inspirar, iniciar el movimiento.

El Mago es un arquetipo peculiar al que, con frecuencia y muy injustamente, se le da poca importancia en libros y cursos de tarot. Aparentemente nos habla de diversión, de ilusión, de una actitud liviana, incluso infantil. Al ser el número uno en el tarot, alude simbólicamente a los inicios y a la creatividad. De hecho, tradicionalmente se asociaba con los artesanos, porque esta carta representa la habilidad de transformar la materia mediante nuestros actos. Todas estas alusiones son ciertas, pero también incompletas, porque solo nos hablan superficialmente del conocimiento que encierra esta carta. Es mucho más de lo que aparenta.

Déjame que te cuente un pequeño experimento que solemos hacer en los cursos de tarot. Es un ejercicio de meditación que me gusta explicar porque sus resultados son llamativos. Cuando analizamos el simbolismo de esta carta en clase, la mayoría de las personas están de acuerdo en que el Mago simboliza el inicio, la inconstancia y cierta forma de inconsciencia, como hemos comentado antes. Algunos van más allá y ven un intercambio de energía desde la mano izquierda alzada hacia la mano derecha. Y en general, ahí nos quedamos, muy pocas personas siguen profundizando en el arcano. Entonces es cuando hacemos la meditación guiada. Les pido que cierren los ojos mientras les voy hablando de los símbolos del Mago, de las atribuciones que tiene, del gesto que hace en la carta. La meditación se basa también en el interesante concepto pitagórico del número uno y de la *mónada*.[3] Y, después, se quedan unos minutos meditando en silencio. Es increíble la sabiduría que se encuentra en los espacios vacíos, donde la inspiración tiene hueco para manifestarse.

La cuestión es que, tras la meditación, cuando hablamos de lo que cada uno ha percibido y experimentado, la respuesta es sorprendentemente unánime. Y suele expresarse más o menos en los mismos términos de inseguridad: «*Diana, igual es una tontería. Pero lo que he visto en la meditación es como si el Mago fuera el creador*». Y acto seguido, la mayoría de cabezas asienten, igualmente asombradas. El Mago y su energía de chispa, de energía iniciadora no sólo es el principio, también es el concepto de Principio, el inicio de todo. Dentro del símbolo, en su parte más profunda, también está el *big-bang*, el despertar de la vida, cada creación grande o pequeña.

Meditar con los arcanos es un acto poderoso que te permite conectar con tu inconsciente simbólico y, de esa forma, acceder fácilmente a tu sabiduría interna.

---

3. La mónada es un concepto de filosofía pitagórica que sostiene que el Universo está constituido por una sola sustancia primaria, de la que todo forma parte armónicamente.

Por eso, las meditaciones con el tarot son claves para integrar el significado más profundo y revelador de los arcanos.

Lo que somos capaces de percibir en la meditación es que el arquetipo del Mago es un símbolo de la creación. El arcano número uno representa el principio de todas las cosas. Explica la capacidad de generar desde nuestra parte divina, haciendo fluir su energía. En el fondo, el Mago es la representación de la primera divinidad demiurga, creadora de la que surge todo lo que existe. En casi todas las mitologías encontramos esta figura deifica, que al principio es inconsciente de sí misma, como el Mago, pero que crea el universo entero desde su capacidad de generar.

Así que este arquetipo, tan banal en apariencia, en el fondo, encierra la chispa de la vida, la fuente primaria de donde surge todo. Es la capacidad de la energía y de la vida para expandirse sin límites. Encarna la abundancia, la habilidad para captar la energía de las esferas superiores y transformar la materia en el mundo real. Eso es lo que está haciendo el Mago, por cierto, mediante la vara que tiene levantada y la esfera en su mano derecha, sobre la mesa, que simboliza el mundo práctico. Nos habla de la creación como un acto natural, que surge de manera instintiva.

Si el tarot es un camino iniciático, y el Mago es la primera carta, nos está enseñando que somos creadores de nuestro camino. De hecho, en la infancia se podría empezar el viaje del tarot desde la carta del Mago: todo es inicio, inocencia y aprendizaje, la energía no tiene límite ni cree en las limitaciones. Los niños y las niñas pequeños no tienen libros viejos de los que deshacerse.

El Mago te enseña a conectar con tu poder de cambiar el día a día, de generar la abundancia desde tus acciones. *Creo por mí mismo. ¿Qué es lo que hay dentro de mí que me mueve?* El Mago es capaz de crear, principalmente, porque ¡no escucha a nadie! En su camino, no entran los peros y las limitaciones de otros. Solo está lo que sueña iniciar en el mundo y él mismo.

El Mago y el caso de Marta

Cuando apareció el Mago en la tirada de Marta y le dije que tenía que empezar a buscar soluciones ya, se lo tomó muy en serio. Cuando investigamos sus cualidades había un potencial interesantísimo: una mujer inteligente, resuelta, activa, y con una gran capacidad de adaptación.La primera recomendación que obtuvo de los arcanos sobre su economía, regida por el Sumo Sacerdote y la Sota de Espadas invertida, fue aprender sobre finanzas y también investigar en qué se gastaba el dinero.

Entonces, Marta se inscribió en un curso en línea de economía doméstica y, aunque las finanzas nunca le habían llamado la atención, descubrió que le resultaba muy atrayente entender los intereses trampa de sus mini-créditos y por qué los descubiertos en su cuenta le estaban sangrando el sueldo. Por cierto, no terminó el curso (¡muy propio del Mago!) pero me dijo que la bibliografía sobre el tema le vino fenomenal para seguir indagando.

También se instaló una aplicación en el móvil que la ayudó a detectar que los mayores gastos que tenía eran las deudas bancarias y la costumbre de comer siempre fuera de casa. En apenas tres semanas, la actitud de Marta respecto a su economía había cambiado por completo.

La Llave del Enamorado

- Este es un arquetipo que se relaciona con la necesidad de tomar una decisión y la sensación de incertidumbre. Alude a una encrucijada vital de tu camino, cuando sabes que tienes que decidirte entre dos opciones y que solo puedes elegir una.

- Simboliza la necesidad de reflexión y de actuación, ya que nos enseña que uno de los mayores dones del ser humano es el libre albedrío. Este arcano invita a tomar consciencia de que, en realidad, importa menos la decisión que tomes que el hecho en sí de poder decidir.

- Una parte de este proceso, por supuesto, incluye que vas a dudar, a buscar información por todas partes y probablemente que vas a posponer la toma de decisiones. Mientras tanto, se suele consultar a todas las personas del entorno, aunque no resulte de especial ayuda, porque, en última instancia, eres tú quien tiene que decidir.

La siguiente energía que nos permite avanzar en la *Puerta de la Abundancia* es muy práctica. Después de dar el primer paso con el Mago, de aprender lo que necesitas y de investigar diferentes posibilidades, llega el momento de que tomes una decisión. ¿Adónde quieres ir? ¿Qué hábitos quieres instaurar en tu vida para que te lleven a ese objetivo?

Es algo que no solemos plantearnos, ya que muchas decisiones diarias son tomadas de forma automática, pero cada decisión que tomas te aleja o te acerca a tu propósito. En un nivel profundo, el Enamorado es el arcano que desvela los secretos del libre albedrío, la capacidad asombrosa que tenemos de construir nuestras vidas en torno a las decisiones conscientes o automáticas que tomamos cada día. Al final, tu vida es la suma de todas y cada una de las decisiones que has tomado en su transcurso. Pongamos por ejemplo una persona que quiere mantener su salud y cuidarse más. Decide elegir lo más saludable en cada momento. Por la mañana, al despertar, puede decidir entre un desayuno sano y uno que no lo es tanto. Cuando va hacia el trabajo, puede decidir caminar un rato o no hacerlo. Si, al final del día, la mayoría de las decisiones que ha tomado han ido hacia la salud, el resultado evidente es que esa persona estará más sana.

Y tú... ¿cuantas de las acciones que llevas a cabo durante el día son elegidas?, ¿cuántas son automáticas? El hecho de pararte a decidir y tomar consciencia de ese proceso de libertad es tremendamente valioso. ¡Disfrútalo!

En muchas ocasiones, no somos conscientes de nuestra propia libertad, porque realizamos nuestros hábitos mecánicamente, nos dejamos llevar por la rutina y por lo que suponemos que debemos hacer. Tenemos procesos automáticos que nos evitan tomar decisiones continuamente, por varios motivos, algunos biológicos y algunos inconscientes. Decidir tiene una parte que nos asusta, porque significa que, si eres tú el que toma las decisiones, la responsabilidad de tu vida está en tus manos. Y este es uno de los grandes desafíos: *¿voy a ser yo responsable de mis decisiones? Pero eso no puede ser, a fin de cuentas, yo sólo me adapto a las circunstancias. Si pudiera, elegiría no trabajar, no enfermar nunca y ser millonario.*

Efectivamente, las circunstancias que te rodean están ahí, con toda su importancia y su influencia. Pero este arquetipo no se refiere a ellas, sino que las integra: asumiendo las circunstancias particulares de tu vida ¿qué decides hacer con ello?. Y las consecuencias de tus decisiones, incluso las que no nos gustan, también forman parte de la libertad.

Hace poco, en una reunión con un grupo de alumnos de tarot veterano, Teresa nos contó una anécdota que yo no recordaba. Para ella, los ejercicios que habíamos hecho en clase con el Enamorado habían supuesto un antes y un después. Era un ejercicio sencillísimo, que había propuesto para comprender hasta qué punto creamos la vida que decidimos. Les pedí que escribieran una palabra que definiera su vida. *«Mi vida es fantástica»* o *«mi vida es agotadora».*

Puedes hacerlo tú también ahora, si quieres, pero no solo lo pienses, escríbelo. Venga, que te lleva muy poco tiempo. Y luego encaja la palabra dentro de esta frase: *«Mi vida es lo/ la.......... que yo decido».* ¿Te gusta tu resultado? ¡Espero que sí!

La palabra que escribió aquel día Teresa había sido *«porquería»,* lo que no es muy habitual. La frase resultante *«Mi vida es la porquería que yo decido»* me temo que no era muy agradable, pero había hecho *clic* en sus resortes mentales, y la dejó pensando.

Nos contó que ese pensamiento tan simple había sido la raíz, el primer movimiento para comprender su poder de decisión. Después descubrió que, sin darse cuenta, se había dejado llevar a cosas que consideraba una porquería, pero que tomando decisiones pequeñas casa día podía empezar a elegir hábitos, experiencias y amistades que no le parecieran una porquería. Y que incluso cuando seguía manteniendo rutinas que no le parecían maravillosas (como su trabajo, imprescindible pero que no le gustaba demasiado) podía decidir cuanto de su energía y de su corazón iba a poner en ello.

«Claro, si mi vida es la suma de todas mis decisiones y siento que mi vida es una porquería, es que no estoy decidiendo lo que quiero».

Y esto tiene que ver con el hecho de que en muchas ocasiones no somos conscientes de qué es lo que nos lleva a elegir como lo hacemos.

Vamos a poner un ejemplo sencillo sobre lo que nos ocurre con este asunto, imagínate que vas a cualquier cafetería a tomar un café y el camarero te trata realmente mal. ¿Qué haces?

Hay muchas opciones: tal vez pidas una hoja de reclamaciones, tal vez seas reactivo y, sin pensarlo, le respondas con la misma agresividad. O tal vez te sorprenda tanto que no le digas nada. Obviamente no puedes decidir cómo te trata el camarero, pero dentro de cierto rango, sí que puedes elegir cuál es la respuesta a ese trato.

La cuestión es la siguiente: ¿cuál de esas reacciones la decides conscientemente, y cuál es un condicionamiento automático? La diferencia está entre hacer lo que quieres o seguir una respuesta aprendida sin reflexionar. Es muy interesante descubrir si la respuesta está sujeta a un comportamiento heredado: *«es de mala educación responder así, no te pongas a su altura»*, o tal vez tu respuesta provenga de algo como *«si te tratan mal devuélveselo ¡hazte respetar!»*

Sea lo que sea lo que motive tus reacciones, el hecho de que te des cuenta y elijas actuar de una forma coherente con tu filosofía de vida, supone un cambio de nivel de consciencia más importante de lo que puedas imaginar.

¿Qué caminos quieres elegir? ¿Qué vida quieres construir? Si quieres ir al Norte, tal vez lo más sensato sea tomar el máximo número de desvíos en esa dirección. No tiene mucho sentido que te pongas a andar hacia el Este y que luego te quejes de que el Norte está muy lejos. Si, en cada paso que das, estás bien orientado y estás siendo coherente con tu ruta, es casi imposible que no llegues al Norte. Por cierto, es importante dejar esto claro, el tarot no nos da una *respuesta correcta* con el Enamorado. El arquetipo en sí mismo no te revela cuál de tus opciones es "correcta" y cuál lo es menos. Aquí, lo esencial es reconocer en lo más hondo que gran parte de tu vida está en tus manos, que eres quien gobierna tus decisiones.

El Enamorado y el caso de Marta

Después de su periodo de aprendizaje, Marta tomó dos decisiones, elegidas entre todas las ideas que habían ido surgiendo en su mente. Le pedí que las definiera al máximo y que especificase todos los detalles. Marta me contó que se había comprometido a recortar gastos. Dejaría la pereza y empezaría a hacer comida casera en lugar de comer fuera, porque se había dado cuenta que era un gasto mucho mayor de lo que había creído antes de calcularlo. Suponía un monto importante al mes, y creía que era una pieza clave para sanear sus cuentas.

Y, por otra parte, intentaría aumentar sus ingresos para cancelar las deudas. Durante mucho tiempo había fantaseado con la idea de crear su propia web para ofrecerse como diseñadora y programadora. Pero parecía ser que siempre le había visto muchos inconvenientes y obstáculos. «Ahora -me aseguró- voy a centrarme en buscar las soluciones y ver las oportunidades. Hay muchas personas a las que les funciona. ¿Por qué no voy a ser una de ellas?». Lo cierto es que era una opción mucho más fácil de lo que había creído, no necesitaba mucho trabajo para crear su propia web, y calculaba que podía tener el tiempo suficiente para hacerlo también para otras personas.

De alguna forma, Marta nunca se había planteado antes que de verdad tenía capacidades suficientes para cambiar su problema. El trabajo con la carta del Enamorado le había hecho entender que la decisión estaba en sus manos. Y eso tal vez parezca poco, pero es un cambio definitivo.

La Llave Maestra del Emperador

- El Emperador simboliza la materia y el mundo práctico. Lleva el número 4, que se relaciona con los cuatro elementos, los puntos cardinales, las fases de la Luna...Personifica todo lo que está ordenado en el mundo material. Su energía es pragmática, estable y resolutiva.

- Representa lo que es preciso organizar en nuestra existencia, la capacidad de ordenar el mundo que nos rodea y sacar el máximo provecho de los recursos, tanto externos como personales. Se vincula con una energía leal, honesta y directa, que busca resolver los conflictos de una manera concreta y real.

- El Emperador nos ayuda a entender que lo externo tiene un reflejo en lo interno y viceversa, y que, para encontrar la elevación del ser humano, es preciso cubrir las necesidades físicas. Es primordial encargarse del mundo material para seguir avanzando hacia la plenitud.

El Emperador es el arquetipo cuya energía resuelve la *Puerta de la Abundancia*, apoyado por lo que ha aprendido el Mago y decidido el Enamorado. Ha llegado el momento de que pongas en práctica esos nuevos hábitos que quieres incorporar a tu vida. Es hora de ponerse a trabajar y mantenerlos en el tiempo, de centrarte en lo que quieres y no desistir.

Hay un estudio psicológico muy interesante en el que se ha calculado que se necesitan al menos 30 días para instaurar un hábito simple- Y que, al menos, necesitamos 66 días[4] para que esté consolidado o para instaurar un hábito complejo. Plantéatelo así, solo son 30 días de esfuerzo consciente para que el hábito positivo se asiente en tu rutina. Después, será mucho más sencillo, porque se habrá automatizado y te resultará más fácil llevarlo a cabo. Imagínate todo lo que puedes conseguir si te centras en incorporar, de uno en uno, hábitos que te generen bienestar y abundancia.

Integrar el Emperador significa asumir tu propio poder. Implica reconocer de forma profunda que tienes capacidad de transformar tu entorno y tu vida material. Eres responsable de las decisiones que tomas y de lo que te aportan. Lo cierto es que, además de la toma de consciencia del poder personal, el Emperador también supone una liberación de la influencia de otros. Cada vez que asumimos nuestra propia responsabilidad, hay un trasvase de poder. El poder regresa a ti desde las personas a las que habías cedido el dominio previamente.

Ya no dependes de las decisiones de otros o de los que otros han decidido crear, al menos, no de forma automática, sin valorar otras opciones. Y si decides seguir a alguien que lidere, lo decidirás con plena capacidad, con pleno dominio de tu vida.

Esto incluye, por cierto, asumir también como propios todos los tropiezos y equivocaciones. Así te desprendes también de otro accesorio muy perjudicial: la queja perpetua de lo mal que lideran otros. De esta manera pierde sentido el tiempo que se invierte en quejarse y despotricar, porque, en última instancia, quien tiene poder para decidir en tu vida, y asumir las consecuencias eres tú.

Siempre que hacemos un trasvase de poder, de la vida individual a la vida colectiva, estamos cediendo parte de nuestra responsabilidad y parte de nuestra potestad. Hay que hacerlo sabiamente, con la consciencia de lo que estamos cediendo.

La gran clave del Emperador es el reconocimiento del propio poder y la toma paulatina de control y autodominio. Materializa aquello que decides. Es fantásti-

---

4. Jane Wardle (2009). *How are habits formed: Modelling habit formation in the real world*, European Journal of Social Psychology, 40 (6), pp. 998-1009

co que tengas un plan, un sueño, una idea en tu mente, creativa y brillante. Pero date cuenta de esto: mientras no lo realices en el mundo de material, no tienes nada. Puedes tener una maravillosa idea: la arquitectura de una casa, un negocio, o un libro. Pero hasta que no se pueda entrar en esa casa, hasta que no se pueda leer ese libro, ni la casa ni el libro existen. Son solo ideas, me lo puedes contar, puedes fantasear, puedes invertir mucho tiempo mental. Pero no existen. Si quieres que la semilla que ha nacido en tu mente cobre relevancia, esfuérzate en traerla al mundo.

La era industrial nos ha dejado un planteamiento social en que una gran mayoría de la población se dedica a materializar las ideas de unos pocos. Si te fijas, multitud de trabajos se encargan de concretar proyectos conjuntos, en los que el individuo y su creatividad, o su capacidad de decidir, no tienen cabida. Viene bien plantearse qué podemos y queremos construir en nuestro camino.

La sensación de conseguir materializar tu propia idea y de haber podido cambiar el mundo práctico, es un primer peldaño de la abundancia. El Mago inicia la fase creativa con su función del explorador: analizas y aprendes los recursos de los que dispones para poder crear. Con el Enamorado estableces tu libertad de decisión, y la capacidad de elegir cómo quieres hacerlo, cómo quieres llevarlo a cabo y de qué forma. Y, con el Emperador, te haces director responsable de tu vida. Tu vida se convierte en tu imperio bajo tu mandato.

El Emperador y el caso de Marta

Marta ejecutó admirablemente bien las decisiones que había tomado. «Lo que más me ha sorprendido es que ha sido mucho más sencillo de hacer de lo que pensaba. Una vez que me puse en movimiento, sólo tenía dar el siguiente paso». Según me contó después, solamente con el ahorro en restaurantes, había conseguido poco a poco dejar de tener descubiertos en su cuenta evitando muchos intereses. Esta pequeña victoria la motivó para seguir aplicando las decisiones que había tomado.

Se centró en materializar su proyecto y en encontrar buenas oportunidades que le hicieran tener más ingresos. De hecho, Marta me dijo que no sabía calcular cuántas horas había trabajado en su proyecto al principio, pero que estaba más que satisfecha con los resultados de su esfuerzo. Con constancia y tiempo, Marta canceló las deudas que tenía y formalizó su proyecto autónomo. «Ahora me falta tiempo material para los clientes que tengo. Empiezo a pensar que me va a compensar dejar el otro trabajo».

Lectura de la Puerta Abierta

Cuatro preguntas absolutamente imprescindibles para sanar o mejorar la relación con la abundancia. Recuerda que para que la información tenga la transcendencia que precisamos, es necesario poner el práctica los descubrimientos personales a los que lleguemos para activarnos.

1. *¿Hay algún tipo de creencia inconsciente, propia o heredada del entorno, que me haya hecho creer que no merezco abundancia?*

2. *¿En qué áreas de mi vida puede haber mayor carencia? ¿Dónde es preciso que enfoque mi atención ahora mismo hacia mi plenitud y bienestar?*

3. *¿Qué tipo de energía, acción, pensamiento o emoción me ayuda a atraer abundancia? ¿Qué arquetipo me conviene desarrollar en mí?*

4. *¿Cuáles son las fortalezas personales y recursos que me pertenecen y sostienen para generar abundancia?*

3. LA PUERTA DEL TERRITORIO

Cómo aprender a poner límites.

Tenemos una necesidad de la que se habla poco o se disfraza con otras cuestiones. Y es que los seres humanos, como primates sociales que somos, precisamos un territorio propio. De hecho, puedo decirte que esta es una de las necesidades básicas que más conflictos genera en el día a día: necesitamos encontrar nuestro espacio en el mundo.

¿Te has sentido alguna vez incómodo por alguien que te hablaba demasiado cerca o que te interrumpía constantemente? Sí es así, ya sabes el tipo de conflicto que se genera en la *Puerta del Territorio*, cuando este concepto no está bien integrado.De la misma forma que es beneficioso pertenecer a un grupo donde sentirnos acogidos, también necesitamos dominar nuestro propio espacio como individuos, donde no lleguen las influencias de otros. Ese espacio personal es un territorio sagrado, donde sentirse seguro y respetado, un santuario que nadie debe invadir ni modificar.

Cuando hablo de *territorio* me refiero a ese espacio metafórico, que se sitúa en la percepción que tienes del espacio que te corresponde, a todos los niveles. Puede ser tu casa, o tu mesa de trabajo o el entorno que rodea tu cuerpo. Pero también puede ser intangible, como tu forma de expresarte, tus opiniones, o la forma en la que gestionas tus relaciones. Si alguien te da un consejo que no has pedido, te juzga, o se burla de tu opinión, probablemente sentirás que están invadiendo tu espacio personal. Básicamente, que se están metiendo donde no les llaman.

La *Puerta del Territorio* se manifiesta siempre en relación con los demás. No dominamos esta clave hasta que no somos capaces de enfrentarnos al otro, hasta que aprendemos a decir que no y a limitar las exigencias excesivas. Es infinitamente más sencillo relacionarse con otras personas de forma sana si te sientes seguro en tu propio espacio. Digamos que necesitas un hueco para poder afianzar bien tus pies en el suelo y sentirte firme. ¿Qué ocurre si tu espacio está siendo cuestionado o invadido? Probablemente, si te sientes haciendo equilibrios en un espacio menor del que precisas, lo único que puedas percibir en los demás es una amenaza a tu integridad. El problema se da cuando no existe equilibrio en el espacio que damos y en el que recibimos. A veces, la cuestión es que cedemos nuestro lugar y, a veces, que invadimos el espacio de otros.

Además, hay otra particularidad en la *Puerta del Territorio*, y es que, cuando no hemos conquistado nuestro espacio, la intención básica se traslada a que los demás resuelvan nuestras carencias. Intentamos que sea la otra persona la que nos aporte nuestro lugar en el mundo, y nos enfadamos con el otro si sentimos que caemos o que no somos valorados. Al sentirnos en terreno de nadie, reclamamos a las personas que están a nuestro lado que nos sostengan. Y, si esa ayuda no es como queremos o necesitamos que sea, nos enojamos, nos entristecemos y nos vemos inmersos en el chantajes emocionales para intentar obtener lo que sentimos que nos falta.

Cuando no nos permitimos ocupar el espacio que merecemos, intentamos que otras personas nos validen, y así, obtener nuestro terreno. Tiene sentido, buscar que venga de fuera lo que no viene de dentro. Pero lo cierto es que el territorio personal no te lo puede dar nadie: se define por que lo conquistas y lo acotas tú mismo. Igual que la auto-estima y la auto-percepción, dependen de ti. De nuevo, nosotros somos los responsables del territorio que pisamos. Es preciso asentarnos sobre nuestros pies y reclamar nuestro espacio.

«Ni contigo ni sin ti.» El caso de Amelia

Amelia se sentía bastante satisfecha con su vida en general y consigo misma. Estaba contenta con su forma de manejar las situaciones, había trabajado mucho para conocerse y cambiar algunos pensamientos heredados que la dañaban, y se sentía feliz con su pareja y con su hijo pequeño.

Pero había un elemento en su vida que hacía que todo lo demás que había conseguido le pareciese insignificante y que la desestabilizaba profundamente. La relación con su madre era terriblemente compleja. «Yo la quiero mucho, pero honestamente, es que no la soporto. Tengo que llamarla todos los días, que parece que le estoy dando el parte. Y si no la llamo, se hace la víctima. Que no la cuido. Que está sola y no la quiere nadie. Que ya me pasará a mí y veré todo lo que la he hecho sufrir y entonces me acordaré de ella, pero ya estará olvidada en una tumba. Así, todos los días».

La madre de Amelia criticaba continuamente la forma que tenía de cuidar a su hijo, menospreciaba la relación que tenía Amelia con su marido, y la ninguneaba. Sus comentarios solían ser negativos: parecía ser que su hija siempre estaba desarreglada, la casa nunca estaba limpia, a la comida siempre le faltaba algo y, según ella, los compañeros le tomaban el pelo en el trabajo. Con estos elementos, la conversación diaria con su madre le resultaba un suplicio y pasar tiempo con ella, una tortura.

La Llave de la Justicia

- Es la representación del orden y de todo aquello que respeta una normativa, por eso suele asociarse con la burocracia en cualquier forma. A un nivel más profundo, nos habla de la necesidad de establecer códigos y normas para poder sentar las bases de la convivencia sana y equilibrada, tanto en comunidad como en relación con el mundo que nos rodea.

- Es el arquetipo puro de la mente, en que prevalecen el raciocinio, la inteligencia analítica y el orden mental. Ecuanimidad, planificación, estructura, reacciones controladas y cálculo inteligente son las cualidades de la Justicia.

- Representa la capacidad de establecer límites sanos, ya que es una energía que no prejuzga, y de hecho, intenta tratar a todas las personas por igual, más allá de sus preferencias. La cuestión es que, aunque no prejuzga, sí tiene capacidad de juzgar, por lo que aplica consecuencias a cualquier infracción, tanto propia como ajena.

El dilema más frecuente que se presenta cuando no se han integrado los conceptos que representa el arcano de la Justicia, es la dificultad para poner límites y para saber hasta dónde damos permiso a las personas de nuestro entorno a interferir en nuestro día a día y a modificar nuestras decisiones.

Aunque una de las palabras que se le adjudican a la carta de la Justicia es la de equilibrio, en realidad, la Justicia representa un matiz específico. Esa función de equilibrio armónico, corresponde a la Templanza, que va uniendo los polos opuestos, hasta que encuentra el término medio. Por su parte, la iconografía de la Justicia alude a algo ligeramente diferente. Si observas, el símbolo de la balanza no representa el acto de equilibrar, si no el de medir: estás averiguando el peso que hay en los platillos. Y después, la espada hace valer la ley. Este arcano, en lugar de equilibrar, escinde.

Podemos ver más pistas interesantes en los símbolos de la Justicia. Si observas la figura, te darás cuenta de que, entre todos los arcanos mayores, es la que más firmemente se asienta sobre sus pies. Los elementos de la carta aluden a lo que está centrado: su cuerpo mira hacia el frente, con las piernas y el cuerpo rectos. Dentro del margen de la carta, ocupa su lugar exacto: ni falta sitio ni sobra, la figura se dibuja ordenadamente usando el espacio necesario. Simboliza cuando uno está bien situado en su justo terreno.

Es imprescindible aprender a poner límites en nuestro territorio preciso: con frecuencia, reducimos ese espacio y minimizamos nuestras cualidades. Voy a poner un ejemplo de esta actitud recurrente. Esther es una fotógrafa maravillosa: tiene pasión, buen ojo, y sabe cómo sacar lo mejor de su cámara.

Un día, precisamente en el descanso del seminario de *Las Siete Puertas del Tarot*, sacó su cámara y empezó a hacer fotos del entorno. Estábamos en un sitio precioso, en medio del bosque y rodeados de montañas. Entonces, otra persona del grupo se acercó y le dijo: «*¡Qué suerte! ¡Se te da genial! Yo, en cambio, soy malísima para hacer fotos, nunca me aclaro y quedan fatal*» Esther respondió de forma automática, restándose importancia y minimizando su territorio con una sonrisa «*¡Que va, para nada! A mí tampoco se me da bien. Solo me entretengo*».

He podido observar esta misma reacción infinidad de veces en las consultas y en los cursos de tarot. Nos restamos espacio, nos obligamos a brillar menos y ocupar un espacio menor para no incomodar a otros con nuestro talento. Por eso es imprescindible aprender a usar bien la balanza de nuestra mente, para valorarnos con justicia.

La escritora Marianne Williamson tiene un párrafo inspirador sobre esta idea:

> «*Que juegues a ser pequeño no sirve al mundo. Nada hay de iluminado en encogerte para que los otros no se sientan inseguros en tu presencia. Todos fuimos hechos para brillar, como brillan los niños. Nacimos para manifestar la gloria divina que llevamos dentro. Esta gloria no está solo en algunos de nosotros, está en todos. Y al dejar brillar nuestra propia luz, inconscientemente, damos permiso a otros para hacerlo también*».[5]

Nos resulta sencillo menospreciarnos, incluso parece que está bien visto socialmente, de una forma un tanto retorcida, ya que se vincula con un tipo de humildad poco sano. Pero minimizar quienes somos no tiene que ver en realidad

---

5. Marianne Williamson (1992). *A return to love: Reflections on the Principles of A Course in Miracles*, Harper One.

con la humildad, tiene que ver con la falta de estima. Lo único que conseguimos es restarnos espacio.

De la misma manera, a veces ocurre que cuando nos encontramos ante actitudes invasivas, no siempre conseguimos permanecer firmes y cuidar nuestro espacio. Claro, la convención social nos dice que eso no es de buena educación. El asunto es que, probablemente, después, nos enfademos con nosotros mismos por no haber sabido hacer respetar nuestros límites.

En este contexto, entendemos un nuevo matiz en el símbolo de la espada. ¿Te has fijado en cómo la sujeta? Casi se diría que no quiere usarla, que su propósito inmediato no es tanto cortar cabezas, como hacer saber que podría hacerlo llegado el caso.

Aquí no se trata de generar un conflicto, se trata de mostrar que se tienen las herramientas necesarias para permanecer firme. Cuando alguien te invade, cuando alguien es ofensivo, la primera carta que defiende la posición es la Justicia, que dice «*No me merezco esto. No consiento. Merezco respetar y mantener mi espacio, para expresarme, para organizar mi día a día, para ser generoso o cuidar de mí mismo, para sentirme a salvo, para valorar quién soy*».

La Justicia nos cuenta que es de una importancia vital saber poner límites cuando otra persona nos invade o cuando están pidiéndonos más de lo que queremos o podemos dar. Hay multitud de formas de invadir el territorio. Puede ser una falta de respeto, puede ser una petición desmesurada, pero también puede ser una invasión de afecto, alguien que irrumpe en tu espacio porque no sabe gestionar su afecto hacia ti. Alguien que te pide tanto, que al final te quita lo que te corresponde.

La Justicia nos enseña a mantener los límites de una manera equitativa, porque, dentro de su racionalidad, no invadirá el espacio de otros.

Cuando llegue el caso, la energía que representa la Justicia nos va ayudar a poner límites de una forma racional y calmada, sin ser reactivos: «*Este es mi espacio, este es el tuyo, y hasta aquí puedes pasar*».

La forma de relación con el otro no es desde el victimismo o desde la queja, es desde la objetividad. La Justicia no se ata ni se queda enganchada en el pensamiento tipo: «*¡Qué mala persona es, fíjate lo que me ha hecho, lo que me ha dicho!*»

Por el contrario, se centra en comprender qué quiere conseguir la otra persona, racionalizar sus actitudes y entender sus motivos. Entender por ejemplo por qué tu compañero de trabajo está enfadado y te ha gritado.

Analizarlo, comprenderlo y detenerse un segundo a pensar: «*Que alguien esté de mal humor no significa que yo tenga que gritar también. No me dejo arrastrar por la emoción ajena, no pierdo mi autocontrol*».

Este arquetipo no invalida la emoción ni la reprime. Simplemente no se deja invadir por ella, no se muestra reactivo. La Justicia sencillamente dirá: «*Entiendo que estés enfadado, pero, por favor, háblame más despacio*». Esta frase, por cierto, es tremendamente eficaz, prueba a usarla la próxima vez que se esté iniciando un conflicto. Es el ejemplo perfecto del territorio bien marcado: no permito que me maltraten, pero tampoco invado el espacio del otro mediante la orden habitual: «*¡No me grites!*».

Es preciso utilizar esa balanza de forma racional e inteligente, porque, si nos dejásemos llevar solo por la emoción, podríamos sentir invasiones donde en realidad hay inseguridad. Por eso la razón intenta analizar la situación de forma objetiva, para que ocupes tu espacio, incluso cuando la emoción no te lo está poniendo fácil. Por muy pequeño que te sientas, ocupa tu espacio. Si quieres relacionarte de una forma eficaz, no te dejes secuestrar por la emoción. No es preciso frenar la emoción, pero sí comprenderla y canalizarla.

La primera gran clave de esta carta, en el esquema de *Las Siete Puertas,* nos dice: «*Siéntate en tu posición, consolídala. Eres el Emperador, acabas de integrar la* Puerta de la Abundancia *para dominar el mundo material. Ahora toma posesión de esos logros. No dejes que nadie te lo arrebate. Tu espacio te pertenece*».

La Justicia y el caso de Amelia

La primera lectura de Amelia se centró en la relación con su madre. Es cierto que a su madre la identificaban continuamente la Suma Sacerdotisa invertida, con toda su carga de negatividad y pesimismo, pero también la Emperatriz invertida, que ahondaba en emociones más complejas, incluyendo la relación de dependencia, el chantaje y, de forma más escondida, la rivalidad que sentía hacia su hija. Se identificaba claramente un conflicto de dominio y sumisión.

La Justicia le dio a Amelia material para pensar. Primero, para intentar poner algo de distancia emocional. Relativizar lo que decía su madre, y ponerle un coto racional a cómo ella se tomaba esas afirmaciones. Si no eran ciertas, tampoco era necesario reaccionar con tanta intensidad. También decidió acortar la duración de las llamadas y el tiempo que pasaban juntas.

La Justicia confirmaba lo importante que era para Amelia poner límites a las actuaciones de su madre y responder a las frases que le molestaban de forma clara y calmada. En esta misma tirada, las cartas indicaron otro tema que requería su atención urgente, pero te lo cuento un poco más adelante.

La Llave del Diablo

- Este arquetipo representa la parte instintiva del ser humano. Alude a la sombra, esa parte oscura, a veces negada, de nuestra personalidad. Simboliza una energía de deseo puro, dirigida a obtener todo lo que se pretende. Tiene que ver con la supervivencia y con el ego, y con la parte animal, salvaje, dentro del ser humano.

- Este arcano representa el poder y la ambición, el carisma, la personalidad magnética, la ausencia de empatía y la capacidad de utilizar cualquier recurso para conseguir lo que se desea, sin remordimiento ni escrúpulo. También se relaciona con las necesidades primitivas y con la sexualidad.

- Una de las grandes enseñanzas del Diablo es ayudarnos a cuestionar cuánto de nuestra sombra reconocemos y cuánto asimilamos nuestro propio poder. Entender esta energía ilimitada es aprender a usarla según tu decisión, para crear o para destruir.

Pasamos al otro pilar de la *Puerta del Territorio*. Como decíamos antes, hay dos formas conflictivas de relacionarse con este concepto: o me invaden o invado yo a los demás. Para que haya una persona que se vea obligada a poner límites, tiene que haber otra persona que esté traspasándolos. Y esta actitud también tenemos que reconocerla y asimilarla.

Simbólicamente, este arcano tiene interesante detalles que analizar. En primer lugar, vemos que las criaturas representadas son antropomorfas, pero tienen rasgos animales: tienen garras en lugar de manos y pies, y también cuernos, orejas de animal y cola. La figura principal del Diablo tiene, además, alas de murciélago, lo que representa su necesidad de elevarse por encima de los demás. Por cierto, el arcano del Sumo Sacerdote tiene la misma estructura que esta carta, con dos personajes delante de un personaje de mayor envergadura, y por tanto, con mayor importancia simbólica. Ambas cartas aluden a cómo influimos en los que nos rodean. Pero, si el Sumo Sacerdote nos habla de la transmisión del conocimiento, el Diablo nos habla de la manipulación de otros en beneficio propio. De hecho, las dos criaturas que permanecen atadas y sometidas a la figura principal han sido invadidas por el deseo de poder del Diablo y han perdido el territorio que les correspondía. Incluso el gesto de tener las manos en la espalda[6] indica que han perdido su capacidad de actuar.

---

6. Las manos y los brazos simbolizan la capacidad de actuar. Las manos son nuestras herramientas principales, con las que «hacemos» y representan la habilidad de transformar la materia.

El Diablo es un arquetipo tan interesante como complejo. Dentro del sistema simbólico del tarot, es como un cajón de sastre, al que van a parar todas las connotaciones que moralmente la sociedad rechaza o reprime. El nexo de unión que recorre todas esas actitudes es la parte animal del ser humano, los instintos primarios con los que contamos antes de aprender a vivir en sociedad. Este es el arquetipo salvaje, la energía sin contención ni límite. Aquí, los aspectos que vamos a explorar sobre nosotros mismos son la sombra, lo irracional, el yo, el deseo básico y el instinto. Con el Diablo aprendemos a reconocer una pulsión vital y primigenia: «*Necesito más espacio. Quiero crecer. Quiero ser libre, mi terreno se me hace insuficiente, quiero abarcar más. Quiero tu territorio. Lo quiero todo*».

La energía del Diablo, en realidad, está intentando encontrar su propio límite y explorar al máximo sus capacidades. Representa la energía del ego, del individualismo puro, y no respeta el espacio de nadie, porque entre otras cosas, no ha desarrollado empatía suficiente para entender al otro. Y sin embargo, el Diablo busca tiránicamente muestras de respeto, a través del miedo, el chantaje, el engaño o el conflicto. Este arcano está mucho más dispuesto a vencer que cualquier otro arquetipo.

Es preciso que entendamos este concepto y lo reconozcamos dentro de nosotros. A pesar de que nuestra sociedad se encarga de esconderla y menospreciarla, esta energía responde a una pulsión primaria y animal que duerme dentro de todos nosotros. Es la necesidad de ampliar el territorio, de expandir los límites. El Diablo representa el carácter animal líder: «*yo domino*».Igual que a veces nos sentimos invadidos, a menudo, somos nosotros los que invadimos y es vital poder reconocerlo. En ocasiones, ni si quiera nos hemos dado cuenta, porque es el deseo el que nos lleva y la necesidad de suplir una carencia, cuando se está centrado en uno mismo, en lugar de medir con Justicia.

El Diablo representa una energía brutal, que nos habla desde una parte instintiva y poderosa. Es fantástico poder entender y canalizar este recurso, con todo su potencial, sin permitir que nos someta. No tiene sentido negar esta parte de nosotros, reprimirla o intentar expulsarla. Además, sería imposible extirparla de la raíz humana. Asúmela y luego decide la forma más positiva de usarla.

El Diablo y el caso de Amelia

La segunda idea que requería la atención de Amelia era precisamente el Diablo. Amelia había invertido la mayor parte del tiempo de nuestra consulta en desfogarse y criticar el comportamiento de su madre. Sin embargo, cuando preguntamos por ello, la actitud de Amelia hacia su madre se definía con el Diablo, el Colgado y la Suma Sacerdotisa, las tres invertidas.

Así que el tema era delicado y difícil de comunicar. Básicamente, Amelia estaba haciendo con su madre lo mismo que su madre hacía con ella. Cada vez que Amelia se quejaba largamente de su madre, estaba a la vez poniéndose en el papel de víctima y manipulando a los demás para atraer su atención y «ponerlos de su parte».

A Amelia le costó entender el espejo que estaba poniéndose delante. En el fondo, esa era la única forma que había conocido de relacionarse con su madre. Dentro de su educación emocional básica yacía la idea de que chantajear y recriminar a otra persona su forma de ser, era una expresión de amor.

Pero aún había un velo que debía alzarse y es que, si esa era su idea básica, era muy posible que estuviera afectando a otro campo muy concreto. Le pregunté a Amelia si pensaba que la relación con su madre la había marcado a ella misma como madre. Me dijo que tal vez y quiso explorar el tema con las cartas. Excepto por un arcano, la relación de Amelia con su hijo pequeño era igual que la que tenía su madre con ella. Aquella misma conducta posesiva de la que se quejaba era la que estaba copiando para relacionarse con su hijo.

Fue como si algo hubiera encajado en la mente de Amelia y, cuando vio aquellas cartas, empezó a emparejar las anécdotas que me había ido contando, con cosas que decía a su hijo, mucho más livianas, pero que tenían una base similar. Tomar consciencia de un patrón de conducta instalado de forma tan profunda lleva tiempo. Tiempo, trabajo, capacidad para mirar hacia dentro y valentía para cuestionarse. Pero el primer paso se había dado.

La Llave Maestra de la Muerte

- La carta de la Muerte es el arquetipo básico de transformación y cambio. Representa los ciclos naturales de las semillas que crecen, florecen y mueren, para volver a nacer la primavera siguiente. Nos encontramos ante el concepto de la metamorfosis: dejar atrás la identidad del pasado para poder seguir creciendo.

- Este arquetipo de cambio natural se da en todas las etapas de la vida, cada vez que cortamos con pensamientos, situaciones y definiciones que se han quedado obsoletas y que ya no te nutren. Para seguir alimentándote y creciendo, es preciso desprenderse de lo que fue.

- Se relaciona con la madurez, con tomar consciencia y propiciar el cambio. Aconseja cortar con lo que ya no sirve, empezando por lo material y llegando al alma. También representa la pérdida en su concepto más amplio y el duelo por las cosas, personas y situaciones de la vida de las que debemos despedirnos.

Es cierto que hay que aprender a poner límites, como dice la Justicia, y también a conectar con el deseo, como enseña el Diablo. Pero la *llave maestra* de la *Puerta del Territorio* no es ninguna de estas dos. No es permanecer firme y tampoco es invadir.

La gran enseñanza sobre este aspecto vital, nos lo regala la carta de la Muerte: *en realidad, no podemos dominar el territorio.* Somos seres vivos y, por tanto, efímeros: necesitamos comprender que todo cambia de forma. Nuestra existencia no es el territorio que dominamos, sino el camino que recorremos.

La carta de la Muerte encarna la metáfora del gusano, la crisálida y la mariposa, es la dueña de la transformación y el crecimiento. Nos enseña que no podemos permanecer en un estado de defensa y que tampoco podemos obcecarnos en una actitud de ataque. El gasto de energía en ambas condiciones es feroz, el costo de recursos que usamos de tiempo, inteligencia, emociones y relaciones es elevadísimo. Y cualquier tipo de relación entre estas dos posturas es estéril, ya que supone el enfrentamiento de dos egos, y no conduce a ningún avance. Uno resiste, el otro invade. Es un gasto de energía vital inútil.

Es preciso aprenderlo, reconocerlo y saber cómo usarlo. Pero una vez asimilado, hay que seguir adelante. Todo cambia, todo fluye, tenemos que aprender a dejar las cosas atrás. Los límites funcionan mejor si se establecen de forma flexible y fluida en lugar de rígida.

La carta de la Muerte nos alienta: «*Sigue avanzando. No puedes quedarte en un único territorio. Si te quedas ahí, no creces. Deja las cosas pasar: no se puede entender la vida como una guerra. Ni es preciso que te defiendas, ni es necesario que invadas. No te agarres a los rencores, no te aferres a las ofensas. Sigue avanzando*».

Mientras que la Justicia aún está lidiando con la idea de la ofensa, con la idea de lo injusto; y el Diablo, con la necesidad de aprovecharse de los recursos de los demás, la Muerte transforma el conflicto en avance, con la mínima inversión de tiempo y de esfuerzo.

«*¿Te puedes alejar, que me estás pisando?*» No pierde tiempo en sentirse invadido ni ofendido. Ni piensa si es justo o injusto. Simplemente, cambia la situación. Pero no se instala en la defensa y no se estanca en el territorio conocido. Lo supera y sigue su camino. Cuando comprendemos la carta de la Muerte, cambiamos la circunstancia y seguimos adelante. Sin rencor.

Simboliza dejar atrás los límites de una forma natural, no invasiva. Este arquetipo tiene una capacidad única para decidir con qué personas sigue caminando y qué relaciones han quedado en el pasado y se están sosteniendo sólo por costumbre. Sabe que las posiciones de defensa son insostenibles y que para seguir creciendo es preciso trabajar el desapego.

Si te fijas, tanto la Justicia como el Diablo tienen la espada en alto: toda su atención se centra en el conflicto. Pero la Muerte tiene la hoja de la guadaña hacia delante, en el suelo. Sus esfuerzos se centran en allanar su camino. «*Soy flexible, soy humano, sigo aprendiendo, sigo evolucionando... no me creo que domine ningún territorio, aprendo a vivir en mi presente.*»

Este es una arcano de transformación profunda, alude a la capacidad que tenemos los seres humanos de dejar atrás el pasado y renacer. Y tiene mucho que ver con nuestra propia condición. La carta de la Muerte no se apega a lo perecedero, a lo mutable, pero (y esto es importante) es fiel a su esencia.

Esta idea la vemos reflejada en el símbolo de los huesos en la carta. La carne, que representa lo efímero y caduco, ha desaparecido; pero permanecen los huesos, que simboliza tu esencia, lo que te representa y sostiene. Y es lo único que se ha mantenido contigo en cada cambio y en cada transformación. Por eso este arquetipo se manifiesta desde el plano más práctico hasta el más espiritual. No solo el pensamiento transforma la materia, también los cambios en el mundo cotidiano ayudan a transformar nuestra forma de pensar.

Son vasos comunicantes; todo lo que hay en nosotros está relacionado. ¿Te has fijado que un entorno demasiado caótico produce nerviosismo, mientras una sala armoniosamente ordenada transmite serenidad?

He sido testigo de ese mismo concepto en personas que estaban pasando una época de ruptura potente con su pasado. Con frecuencia, hacían cambios en el mundo material que les ayudaban a asentar el cambio en sí mismos. Cosas tan prácticas como renovar el vestuario, hacerse un corte de pelo o cambiar los muebles de la casa donde se convivió con la expareja. Los mundos tangible e intangible están absolutamente conectados.

La carta de la Muerte también implica dejar atrás viejas definiciones de nosotros mismos, que no nos permiten vernos tal y como somos. Una causa de frustración, que he visto con frecuencia en las consultas, es, según van pasando los años, no reconocerte en la persona que eras.

Bien pensado, es imposible que sigas siendo la persona que eras, sin embargo, nuestra mente se apega a definiciones que a lo mejor hace años que son inválidas. ¿Cómo eras con 20 años? ¿qué etiquetas te definían? ¿cuáles eran tus sueños?

Hay muy pocas probabilidades de que lo que te definía con 20 años te siga representando cuando tienes 40. Si lo que piensas que te define ya no está en tu vida, y te hace sentir frustración, seguramente tengas que redefinir quién eres.

Imagina una persona a la que le gusta viajar y se pasa la primera juventud viajando continuamente. Después, forma una familia y decide viajar menos. Atención: si sigue aferrándose a la idea de quién era, no podrá ser feliz con quién es. Tiene que dejar pasar lo que fue y entender cómo es en el presente. Y actualizar lo que piensa de su propia identidad.

Tal vez a una persona le dijeron muchas veces que era despistado durante la adolescencia. Y si se lo llegó a creer como algo definitorio de su personalidad, tal vez siga diciendo durante años que es un despiste, porque lo ha incorporado como algo propio. Incluso aunque lleve meses sin tener un despiste, y los que tengan sean ni más ni menos frecuentes que el del resto.

Y es que normalmente no nos paramos a escuchar lo que decimos de nosotros mismos y, una vez que hemos dado una idea por válida, nos cuenta sentarnos a comprobar si sigue siendo verdad. Ya que nos fundamentamos sobre lo que nos define, es liberador permitir que se queden atrás los conceptos que ya no nos sirven.

El concepto que representa el arquetipo de la Muerte es inevitable. Tarde o temprano todos tenemos que asumir que nuestra necesidad de conquistar un territorio debe ser fluida, porque la vida va cambiando, siguiendo su ciclo natural. Y tomar consciencia de este cambio cíclico es absolutamente necesario para no anquilosarnos.

Por muy feliz que estés en el verano, que ya dominas a la perfección, vendrá el otoño y tendrás que adaptarte al cambio, aunque que te parezca injusto. Si ya no sirve, si su momento ha pasado, hay que dejarlo atrás. Desprenderse del lastre. Es preciso permitir que caigan las hojas; de la misma manera que no tiene sentido invertir energía en definiciones que ya no te acompañan. O en relaciones que ya no coinciden con tu aprendizaje, tu crecimiento y tu camino de vida.

En ocasiones, el apego nos lleva a seguir invirtiendo tiempo en relaciones que sabemos que están muertas y que solo se sostienen porque antes, en el pasado, nos aportaron cosas. Igual pasa con los objetos a los que nos apegamos, pero que en realidad están ocupando un espacio en nuestra vida que no nos permite abrirnos a nuevas cosas.

Este arcano, la Muerte nos produce miedo e inseguridad, igual que nos ocurría en la *Puerta del Caos*, porque nos estamos quedando, metafóricamente, en los huesos. Nos afecta reconocer nuestra propia vulnerabilidad, así que nos aferramos al territorio dominado. Pero en cualquier momento la vida te empuja hacia una nueva circunstancia, porque nada permanece. Todo fluye. A pesar de todo el avance que hemos logrado, si nos quedamos atascados durante demasiado tiempo en deshacernos al pasado, es como volver a empezar... nos encontraremos de nuevo en la *Puerta del Caos*.

Para conseguir entender esta clave, hay que reflexionar sobre los conceptos del apego y desapego. En realidad, el territorio dominado es una ilusión, el simple hecho de mantenerlo exige todo tu esfuerzo. Ni la Justicia ni el Diablo son libres. La Justicia es sirvienta de sus normas y el Diablo es esclavo de sus deseos. Sin embargo, la carta de la Muerte es tan libre como liberadora. Hay muy pocas cosas que hagan mella en la posición fluida de la Muerte.

Y precisamente este arquetipo de transformación y cambio es el que supone la transición a las *Puertas Espirituales*. El desapego nos permite dejar atrás el foco de las necesidades primarias y avanzar en nuestra búsqueda de respuestas. Traspasar esta *Puerta* es tan gratificante como liberador, pero el objetivo al que abre paso es aún más enriquecedor.

En los cursos de meditación con los arcanos, una de las visualizaciones más potentes es hacemos con el arcano de la Muerte. Es una meditación guiada para dejar atrás el lastre y los daños del pasado, para poder cortar con lo que no nos permite avanzar. Si te apetece experimentar la visualización conmigo, puedes encontrarla a través del código de la introducción.

La Muerte y el caso de Amelia

A Amelia volví a verla unos tres o cuatro años después, en otra consulta de tarot evolutivo. No tratamos el tema de su madre; apenas tangencialmente, al final. Me contó que, por supuesto, seguían teniendo relación, pero que se veían de forma más espaciada. Amelia había estado prestando atención también a sus propias necesidades y se había permitido mayor ligereza con las llamadas, que ya no eran diarias ni obligatorias.

Parecía que había encontrado cierto equilibrio. «Nada... ella sigue como siempre. Más o menos. Pero ya no me afecta tanto. Cuando pienso que se ha pasado de la raya conmigo, se lo digo, y ahora, en vez de responder un reproche con otro, he aprendido a decir cosas como ¡mira, un reproche gratis! Y cambio de tema». Amelia me dijo que no tenía la sensación de haber arreglado la situación con su madre. Se encogió de hombros. «Pero bueno, también tengo más cosas de las que ocuparme». Sin embargo, cuando preguntamos por la relación de Amelia con su hijo, todas sus cartas habían cambiado de forma espectacular. Para mejor.

Ahí es donde se veía que había integrado la sabiduría del arcano de la Muerte y que había conseguido cortar un tipo de patrón que ya no se estaba proyectando de forma tan contundente con la siguiente generación. Efectivamente, Amelia había estado ocupándose de cosas importantes.

Lectura del Territorio Conquistado

Esta lectura esta creada para que vuelvas a habitar tu territorio, si sientes que está debilitado, o si no siempre te das cuenta de cuando cedes. Reflexiona cuidadosamente sobre las preguntas y sobre las respuestas que te ofrecen las 22 sabias, para volver a habitar tu piel y tu camino con amabilidad, y tal vez con las verjas necesarias que protejan tu paz.

1. *¿Qué territorio propio he cedido sin ser consciente y necesito recuperar?*

2. *¿Cuál es el origen profundo, qué me lleva a ceder lo que es importante para mi?*

3. *¿Qué energía y actitudes necesito activar para reconquistar ese espacio?*

4. *¿Qué manera de expresarme, hacia mi y hacia otros, me ayuda para recuperar mis límites y habitarme con amabilidad?*

5. *¿A qué me viene bien prestar atención?¿Qué parte de mi he olvidado?*

4. LA PUERTA DE LA SERENIDAD.

Cómo manejar el estrés.

Sabemos que, después de hacer un ejercicio físico intenso, el cuerpo necesita comer, dormir y descansar para recuperarse. Pero... ¿qué pasa cuando gastas tu energía psíquica y emocional?

La *Puerta de la Abundancia* nos ha enseñado a cuidar nuestro cuerpo y nuestras necesidades básicas. Nuestra sociedad invierte muchos recursos en el bienestar material. Nos han educado para cuidar nuestra higiene, visitar al médico si hay algún problema, y sabemos también que es importante nuestra alimentación y el ejercicio físico para la armonía del cuerpo. Pero ¿qué recursos invertimos en la armonía de la mente y el alma?

Cuando nos vemos sometidos a presión constante y nos enfrentamos a situaciones que requieren toda nuestra atención, necesitamos recargar nuestra energía interna. Si no lo hacemos, se da una situación de abatimiento y cansancio vital, que reconocerás inmediatamente si has pasado por ella alguna vez. De hecho, se lo conoce como síndrome de agotamiento emocional por estrés[7], y conlleva la sensación de ir progresivamente perdiendo fuerzas, ganas y energía.

---

7. Acuñado por las psicólogas Maslach y Jackson, que desarrollaron un interesante sistema de evaluación, combinando el agotamiento emocional y el sentido disminuido de la realización personal. Christina Maslach y Susan Jackson (1986). *Maslach burnout inventory manual.* Palo Alto, Consulting Psychologist Press, Inc.

Cada emoción, cada conflicto que resolvemos, deja una huella en nuestra psique. Pero podemos equilibrar esa balanza recobrando la misma medida de serenidad y reposo que necesitamos para recargarnos.

Nuestro cerebro primitivo, está programado para reaccionar rápidamente cuando percibimos un peligro, disparando la hormona del estrés, el cortisol, que nos ayuda a disponer de toda nuestra energía en un instante[8].

La cuestión es que, en nuestro modo de vida actual, son contadas las ocasiones en las que necesitas una subida de cortisol para salir corriendo o defenderte físicamente. Sin embargo, asimilamos como amenazas cosas muy corrientes, como conducir en hora punta o un montón de emails por responder en la bandeja de entrada. Tenemos una capacidad increíble para centrar nuestros recursos mentales en lo que nos preocupa. Nos agobiamos, nos estresamos, nos preocupamos por asuntos que ni siquiera han ocurrido o tenemos pensamientos recurrentes sobre un tema que nos angustia, aunque no sirva de nada darle vueltas. Pero, al mismo tiempo, tenemos la maravillosa capacidad de imaginar, crear y aprender nuevas formas que nos ayuden a encontrar el equilibrio y conectar con la serenidad.

Cuando llegamos a la *Puerta de la Serenidad*, ya hemos hecho un cambio importante en nosotros. En las tres *puertas* anteriores, aún estábamos totalmente sumergidos en el mundo material, como la hoja de un árbol en la corriente de un río. Estábamos siendo arrastrados por la incertidumbre, cargando con pensamientos y actitudes que nos limitaban, centrados en cumplir las exigencias del entorno, como pagar facturas o encontrar un trabajo. Estábamos alerta para que nuestros límites no fueran pisoteados, para que no nos hicieran daño y luchando por obtener lo que deseábamos.

Sin embargo, el conocimiento que brinda la carta de la Muerte ha sido un puente maravilloso. Ahora nos adentramos en un territorio insólito que nos da acceso a un nuevo nivel de consciencia: la búsqueda del equilibrio interno. Las tres

---

8. Bob Stahl y , Elisha Goldstein (2015). *Mindfulness para reducir el estrés*. Barcelona, Kairós.

puertas anteriores generan mucho ruido y se llevan cantidad de recursos, porque requieren actuar, pero ahora es el momento de equilibrar esa energía con la tranquilidad. ¿Dónde encontramos la serenidad perdurable? Sin duda, en nuestro interior, en la forma en la que interpretamos y reaccionamos a las circunstancias que vivimos.

«Que paren el mundo, que quiero bajarme».
El caso de David

«Recuerdo perfectamente mi primer ataque de ansiedad. Llevaba a mi hija, que entonces tendría unos 9 meses, en el portabebés contra mi pecho y estábamos comprando en un mercado cerca de casa. No había tenido un día especialmente malo en el trabajo y lo cierto es que tampoco me sentía estresado, al menos conscientemente.

La nena sí tenía un mal día y no dejaba de llorar y revolverse, mientras yo hacía malabares para calmarla e ir poniendo los productos en la cesta. En un momento determinado, me comenzó a doler el pecho. Me empecé a sentir tan mal, que dejé toda la compra y me fui a casa directamente.

Estaba seguro que era un amago de infarto o algo semejante. Así que aluciné cuando el médico le dio la razón a mi pareja y me confirmó que había tenido un ataque de ansiedad» me relató David al explicarle su lectura de tarot.

Efectivamente, en sus cartas habían aparecido todos los arcanos básicos del estrés mal gestionado: Carro invertido, Torre y Loco invertido. Después de aquel primer ataque de ansiedad, había tenido alguno más, algo más leves, pero frecuentes. David era bastante resuelto y le pareció que aquellos toques de atención eran más que suficientes para centrarse y buscar una solución».

La Llave del Ermitaño

- El Ermitaño contiene una de las grandes enseñanzas del tarot, relacionada con la soledad y con nuestra búsqueda del propósito vital. Este arquetipo nos ayuda a comprender qué parte de nuestro camino de vida hacemos en plena soledad. Quien es capaz de abrazar la soledad, recibe un conocimiento de sí mismo profundo e inigualable.

- Es un arquetipo de transcendencia espiritual. Metafóricamente se relaciona con el peregrinaje simbólico: salir de lo que conocemos y manejamos con comodidad, para adentrarnos en lo desconocido y descubrir quiénes somos.

- El Ermitaño simboliza la serenidad, la paciencia, la profundidad de pensamiento, el control del deseo instantáneo, y la capacidad de abstraerse del mundo material y sus distracciones, para fluir con aquello que resuena con tu naturaleza auténtica.

El Ermitaño es el segundo peregrino que nos encontramos en el tarot. Recordamos que el otro arquetipo que alude a este concepto es el Loco, que emprendió su ruta sin saber qué le esperaba, movido por la sensación de que debía estar en otro lugar.

Por el camino aprendió que parte del viaje consistía en desnudarse y quedarse metafóricamente en los huesos. Se transformó en otra cosa. Y ahora, el peregrino regresa a su hogar. El Ermitaño vuelve apoyándose en su bastón, igual que el Loco, pero hay un cambio: ahora porta un candil en lo alto, lleva una nueva luz consigo. Pero como el camino ha transformado al peregrino, este ya no reconoce su hogar.

Las cosas a las que estaba acostumbrado las ve desde una nueva perspectiva: ya no la da por sentadas, ni las da por resueltas. El Ermitaño nos dice: «*Me acostumbré a mi vida sin cuestionarla. Es el viaje, la distancia, lo que me permite ver de nuevo aquello que ya no miraba por costumbre. Es el camino el que me ha ense-ñado a comprender mi ritmo».*

No sé si te ha ocurrido alguna vez, pero con frecuencia, las personas que han experimentado un viaje iniciático, al volver a su casa, lo primero que perciben son los detalles que ya no encajan con ellos. La sensación de que tu hogar no es exactamente la casa que quieres. Ahora tienes capacidad de señalar aquellas pequeñas cosas que te molestan, pero que antes pasaban desapercibidas, difuminadas por la rutina.

De la misma forma, el Ermitaño toma consciencia de aquellas actitudes de sí mismo que le incomodan, que no encajan con su camino, que le retienen. Cuando el peregrino vuelve a su casa, la casa sigue siendo igual. Es el Ermitaño el que ha cambiado, se ha metido dentro de su propia piel y se habita a sí mismo amablemente. Ya no consiente todo aquello que le encorseta, que le molesta, que no le permite vivir a su ritmo.

Hay una maravillosa historia de la antigua Grecia que seguramente conocerás y que se relaciona en parte con la figura del Ermitaño y del peregrinaje espiritual. ¿Conoces la historia de Ulises[9]? Permíteme que la recordemos juntos. Ulises es el joven rey de la isla de Ítaca. Está casado con Penélope y acaban de tener a su primer hijo, Telémaco, que apenas tiene un año. Es entonces cuando llega a su isla la famosa embajada de reyes que han decidido ir a la guerra contra Troya, para convencerle de que se una a ellos. Ulises se ve obligado a zarpar hacia una guerra en la que no tiene nada que ver.

En esa guerra, no solamente pasan diez años mientras asedian y conquistan la ciudad de Troya, sino que, al regresar, los dioses le castigan con tantos naufragios y obstáculos que, cuando regresa por fin a Ítaca, se calcula que han pasado veinte años. Haz cuentas. Penélope ya no es una joven enamorada de 20 años. Es una mujer de 40 que lleva sola la mitad de su vida, rechazando las propuestas de los pretendientes que quieren el trono. Telémaco ya no es un bebé, es un joven de 21

---

9. Aquí, por razones de familiaridad, usaré el nombre de Ulises, aunque el nombre original del héroe griego es Odiseo, el personaje principal de la Odisea de Homero.

años. Y su reino, su riqueza, ha sido disipado y devorado banquete tras banquete por los nobles que aspiran al trono.

¿Cuál es el problema del peregrino que regresa? Que no reconoce su tierra. Y nadie le reconoce a él, porque el peregrino ha cambiado. Ulises, el rey de Ítaca, ahora es un soldado. Es un marinero que ha pasado mil naufragios, no tiene nada que ver con la persona que partió a la guerra.

Cuando regresa, tiene que transformarlo todo. De hecho, Penélope, que es la alegoría de la fidelidad, y que espera inquebrantablemente a Ulises, tampoco le reconoce. Sólo hay dos seres que reconocen al viejo rey: su perro y su *nana*, la mujer que le había cuidado de bebé. Presta atención. Qué metáfora tan interesante: solo los que conocen de verdad tu esencia (los huesos representados en la carta de la Muerte) son capaces de reconocerte cuando cambias.

Un poco más adelante, vamos a hablar de otros dos temas que también se relacionan con esta sensación, que son la fragilidad y la necesidad de pertenecer a un grupo donde encajemos. En este contexto, el Ermitaño es el primer arcano que te dice que te perteneces a ti mismo.

El camino transcendente del alma supone una aceptación y celebración de esta soledad porque, al comprenderlo profundamente, deja de ser algo que pueda dañarte. Entonces la soledad se transforma en libertad, en el reconocimiento de uno mismo.

El Ermitaño accede al conocimiento mediante esta premisa: nacemos solos y morimos solos. Nadie traspasa los umbrales entre mundos con nosotros, aunque estén cerca en el tránsito, es uno solo el que los recorre.

Y entre medias, nos peleamos con la soledad o la abrazamos. Obviamente, el hecho de que integres la soledad no significa que tengas que carecer de apoyos o dejar de disfrutar la compañía y la relación con otros. La soledad sana del Ermitaño no es aislamiento de ninguna manera, ni tampoco es la sensación de no encajar en ninguna parte, En realidad, es el reconocimiento preciso de encajar contigo.

Como ya reconoces, nadie es responsable de tu vida, excepto tú y, de la misma manera, nadie sabe exactamente cómo te sientes o cómo piensas, excepto tú mismo. Por tanto, nadie puede saber cuál es el ritmo exacto al que debes recorrer tu vida. Tan sólo tú. Nada aporta mayor serenidad interna que no necesitar la valoración externa. Estarás en paz cuando tengan la misma poca importancia los halagos como las críticas, porque tendrás la certeza de estar actuando según tus parámetros.

El Ermitaño nos enseña que para poder ver la realidad de forma objetiva es preciso alejarte de los juicios de otros. Cuando estás de acuerdo contigo mismo, cuando lo que piensas, lo que dices y lo que haces, están en una misma línea, todo es coherente. No hay fricción y no hay ansiedad posible, porque estás siendo fiel a ti mismo. Necesitas alejarte de las opiniones de los demás para, en soledad, encontrarte contigo mismo. Esto significa dejar de correr por la vida buscando los *likes* reales o metafóricos de otras personas.

Dentro del Ermitaño están tu luz y tu verdad. Muchas veces, las respuestas que buscamos fuera, las tenemos a quince minutos de silencio. Hay ocasiones en que nos lanzamos a preguntar a todos y lo único que deberían decirnos es *Respóndete tú mismo, porque ya sabes cuál es la solución.*

Sólo necesitas tomarte un momento tranquilo para escucharte. Pregúntate si tus momentos de soledad los llenas de consciencia o de distracción. En lugar de acceder a nuestra soledad y a la calma que otorga, distraemos la soledad. Nos escabullimos. Encendemos la televisión, ponemos audios, nos sumergimos en el móvil. Cualquier cosa con tal de no escucharnos. ¿Por qué es necesario buscar tu soledad? Porque de la mano de la soledad, al retirarte momentáneamente, llega la serenidad. Cuando integras la soledad, te distancias de las influencias de otros, y te alejas de intentar adaptarte continuamente a lo que se espera de ti. A solas, ya no tienes que batallar con Diablos que te manipulen, ni con Magos que te estimulen. Ya no tienes que centrarte en lo externo y su ruido, estás solo y te escuchas. Encuentras tu centro cuando, por un instante, estás absolutamente focalizado en ti. Tu atención es una herramienta poderosísima, si la enfocas bien.

La otra gran clave que nos regala meditar con el Ermitaño es un concepto tremendamente sencillo. De hecho, es tan básico que a veces nos resulta difícil comprender su importancia. Es el respeto fundamental a tu propio ritmo. Me temo que uno de los costos de vivir en sociedad es que nos contagiamos fácilmente ideas que nos dañan.

Vivimos en una cultura que ama la prisa, los estímulos incesantes e inmediatos, lo superficial y las etiquetas. Para la comunidad será más fácil, pero para el individuo es fatídico. Nos afecta en todas las esferas de experiencia, y nos vincula tanto con la idea de cómo *deberían* ser las cosas, que nos olvidamos de experimentar cómo *son* en realidad. Nos ocurre con el *edadismo,* por ejemplo. Hay personas que llegan angustiadas y me dicen frases como: *«Es que tengo 40 años y no tengo casa propia»* o *«¿cómo voy a comenzar ese proyecto a estas alturas?»* incluso *«Es que tengo 19 años, soy demasiado joven para casarme».* Este tipo de creencia implica que sólo hay una ventana adecuada de tiempo para cada asunto, y esto, sencillamente, es un constructo social. No se puede crecer, madurar, progresar a un ritmo que no sea el propio. El camino de vida es mucho más amplio que la cultura que lo cobija.

Nadie va a comprender tu camino como para poder dictaminar cuál es el ritmo adecuado para ti. Eso implica que has de ser tu el que se encargue de conocer y cultivar tu propio ritmo, medir tus energías, y también, hacerte responsable de la incertidumbre que conlleva. Conocer y respetar tu ritmo es la base de todo.

Los que han peregrinado a pie a algún lugar, como en el Camino de Santiago, seguramente ya saben de lo que hablo. El camino, como la vida, sólo puedes recorrerlo a *tu ritmo.*

Todos los peregrinajes te descubren quién eres, porque durante el peregrinaje lo que entiendes es cómo te enfrentas a la vida. Hay personas que hacen el Camino de Santiago y descubren lo que es tener los pies destrozados de ampollas. Tal vez para ellos, parte del camino es sufrir y parte del aprendizaje en la vida podrá llegar a través del sufrimiento. Hay personas que son los primeros en levantarse, aún de noche, y salir deprisa, en un pulso contra sí mismos. Ellos comprenderán la vida a través del reto y del esfuerzo. Igual que hay personas que van observándolo todo y deteniéndose a hablar con cada persona y tardan el triple en cubrir la jornada de camino. Estas personas aprenderán mediante la observación, el disfrute y la comunicación. *Los aprendizajes de tu vida vendrán en la forma que tú puedas comprenderlos.*

El descubrimiento imprescindible es que no hay una forma mejor que otra: está la que te sirve a ti, y luego están todas las demás. Tu forma de caminar por la vida es única, y no te sirve adaptarte a ninguna otra. No se puede ir a un ritmo que no te corresponda. Si intentas amoldarte y seguir el ritmo de otro, no estás recorriendo tu sendero. Si vas más deprisa te asfixias y te salen ampollas. Si vas más despacio te desesperas o te destrozas las articulaciones. Una de tus grandes tareas de vida es encontrar tu ritmo exacto y respetarlo.

El Ermitaño y el caso de David

El Ermitaño apareció insistentemente como consejo para David, aunque a él no le hizo mucha gracia. Cuando le expliqué que el Ermitaño representaba la soledad, con todos sus matices, me dijo que, sencillamente, no tenía tiempo para estar solo, que, cuando no estaba trabajando, quería disfrutar de su familia. «¿Que me escuche a mí mismo? Si es lo que hago. 24 horas al día estoy conmigo mismo. Y, además, yo no sé meditar. Lo he intentado, pero no consigo estarme quieto.»

Cuando investigamos un poco más, descubrimos el porqué. Todas las cartas que nos daban detalles sobre su personalidad resultaron ser arquetipos dinámicos: no tenía ningún sentido pedirle que estuviera demasiado tiempo quieto. Sería como pedirle al agua que fluyese hacia arriba.

Pero como las cartas insistían en que integrase el concepto del Ermitaño, David salió de mi consulta con el propósito de crear el hábito de irse solo a caminar, entre diez minutos y media hora cada día. Su compromiso también incluía dejar el móvil en casa, evitar zonas de escaparates o muy concurridas (para evitar las distrac-

ciones) y no conectarse a unos auriculares para escuchar música o cualquier otra cosa semejante.

En la siguiente consulta, el cambio en David era evidente incluso a simple vista. Habían pasado cuatro meses, pero me aseguró que, con algunas excepciones, había cumplido su propósito con bastante frecuencia y que, además, se había «engancha-do» a su paseo diario.

Me explicó con detalle la ruta que recorría no muy lejos de su casa, en una zona descampada. Noté que hablaba más despacio y más seguro, y que sonreía más abiertamente. Recuerdo que me llamó la atención que habían desaparecido algunos de esos pequeños gestos inconscientes que denotan impaciencia.

«Tengo que reconocerte una cosa. Las cartas dieron en el clavo, era verdad que no me escuchaba. Nada de nada». Había descubierto bastantes cosas de sí mismo durante aquellos paseos, en los que lo única premisa era mantener el cuerpo en movimiento.

De hecho, me contó que el paseo había sido clave para descubrir su disparadero particular de ansiedad. Caminar le había permitido conectar con lo que sentía y poder vincularlo a las ideas que tenía en ese momento en su cabeza. Y siempre que comenzaban los síntomas de la ansiedad había un mismo tipo de pensamiento: «Van a pensar que no lo hago bien, que soy menos eficaz que X, que trabajo peor o que no soy buen padre. Son esos cuatro tipos de pensamiento, no más. Es muy básico. Siempre había creído que no me importaba lo que los demás dijesen de mí. Parece ser que solo lo escondía debajo de la alfombra».

La Llave del Colgado

• El Colgado es uno de los arquetipos más generosos y altruistas del tarot. Simboliza la capacidad de renunciar a los deseos propios por un bien mayor, por algo que merezca realmente la pena. Esa capacidad de poner las necesidades de otros por encima de las propias, y poner los talentos personales al servicio de los demás, recibe como recompensa un gran beneficio espiritual y está combinado con la sensación de plenitud.

- Este arcano se relaciona con la quietud, la serenidad, los periodos de esfuerzo que pretenden conseguir algo mejor y, en general, las renuncias positivas que dan fruto. Habla de idealismo y humildad, es un arquetipo que nos invita a pensar sobre la necesidad humana de pertenecer a algo mayor y más importante que el propio individuo.

- Con frecuencia se relaciona con la idea de bondad y con el concepto de lo divino, de lo superior y del propósito de la vida. Este arquetipo cultiva el desapego y nos enseña a mirar el mundo desde una posición opuesta a lo común.

Este es un arquetipo complejo pero la mayoría de las teorías simbólicas sobre él coinciden en que el Colgado es el arquetipo del sacrificio positivo, la renuncia y la aceptación. Es interesante matizar que el la renuncia aquí es entendida como la capacidad de abstenerse de algo para obtener un fin más valioso o alineado con nuestros valores, igual que el sacrificio está relacionado de una forma positiva con la habilidad de renunciar al placer inmediato, por ejemplo, para poder cultivar a medio y largo plazo una vida con sentido.

La carta nos muestra a un hombre colgando cabeza abajo, atado por un tobillo y con las manos en la espalda. Estos símbolos aluden a la rendición, tanto si es voluntaria como si es obligada, y a la inacción, ya que las manos permanecen a la espalda. Es un arquetipo que ha cambiado completamente su punto de vista y ve la vida desde una perspectiva poco frecuente. Tal vez por eso es un arquetipo que representa aquellos individuos que están un tanto fuera de las expectativas sociales, prestando más atención y energía a lo que genuinamente anhela su alma, que a lo que convencionalmente se espera que haga.

Si el arcano del Colgado pudiera hablar, probablemente nos diría algo así: «*En-cuentro mi centro focalizado absolutamente fuera de mí. Estoy sereno porque no estoy en mí: soy renuncia. Estoy en calma porque acepto la vida tal como viene, porque renuncio a la lucha.*

He dejado de correr inútilmente detrás del éxito, de la aceptación de los demás, del amor perfecto, del prestigio, de la acumulación de bienes. No me mueve el deseo, no me mueve la búsqueda. No combato.

Estoy sereno porque todo lo que tengo se lo doy a otros y la sensación de ligereza es absoluta. No me veo obligado a retener nada. Desisto de luchar por ser perfecto, por parecer, por ser aprobado o valorado por los demás, ni siquiera tengo que llevar razón. Me permito ser tal como soy.

Como no lucho, no hay fricción, no hay pérdida de energía. No hay ansiedad, no hay angustia. Cuanto más doy de mí mismo, más a gusto me siento».

Al arquetipo del Colgado le ocurre algo muy particular: nadie le puede robar. ¿Qué le vas a robar, si lo ha dado todo? Una gran parte de la serenidad del Colgado es que se ha despojado del apego, del deseo y del ego. Mientras que con el Ermitaño el foco de atención estaba totalmente en lo interno, con el Colgado el foco se desplaza hacia lo externo totalmente. Representa la aceptación de la vida, cuando ya no hay lucha, solo calma. El Colgado es la carta de la inacción y de la observación. En esta cultura, en la que siempre hay tareas pendientes, prisas, momentos para atender varios asuntos a la vez, cosas que aprender, tiempo que aprovechar, el Colgado te pregunta: *¿y qué pasa si no haces nada por unos instantes? Si solo observas. Si te centras en el otro en vez de en ti mismo.* Atención, que esa inacción no significa que tengas que dedicarte a una vida contemplativa. Está más relacionado con que actúes sin lucha, sabiendo simplemente que, para obtener algo, tienes que invertir tu tiempo. De tiempo es de lo que se alimenta todo lo que nos importa en este mundo, y tiempo es lo único que somos.

Este arquetipo nos ayuda a cuestionarnos: ¿a qué estás dispuesto a renunciar, para conseguir un bien mayor? Puede que estés dispuesto a renunciar a ciertas horas de ocio para superar los exámenes de un curso que te interesa. Puede que estés dispuesto a sacrificar ciertas partes de tu ocio personal para poder disfrutar tiempo con tus hijos. Puede que estés dispuesto a renunciar a criticar y juzgar a otras personas para estar más en paz contigo mismo. O tal vez estés dispuesto a sacrificar unas horas de tu tiempo para colaborar en un voluntariado.

Ayudar a los demás nos hace desplazar el foco de nuestra atención hacia el otro. Da igual si ese apoyo se lo ofreces a tu pareja, a tu familia, a tus amigos, a tus compañeros de trabajo, o a simples desconocidos. El efecto es el mismo: si te ofreces con honestidad, la importancia de la valoración externa empieza a diluirse y a perder sentido.

Por un lado, porque, al hacer algo con lo que estás profundamente de acuerdo, cobras seguridad en tu valía y no precisas que la valoración provenga de otros. Igual ocurría con el Ermitaño, pero en este caso es porque, al centrarte de verdad en el bienestar de otros, te preocupa mucho menos la etiqueta que te pongan a ti. Y, por otro lado, porque prestar tus talentos a otras personas te ayuda a relativizar tus propias inquietudes. Es el acto de renunciar al ego y poner tu atención sincera en otra persona, escucharlo activamente y entender sus problemas y motivaciones. Salir de nuestro centro por un buen motivo, por algo en lo que creemos francamente también nos ayuda a distinguir lo que es realmente importante y lo que no lo es. En este caso, el altruismo viene con un doble regalo de satisfacción: el que consigues cuando trabajas por un bien mayor y el que consigues cuando dejas de mirar tu propio ombligo.

El Colgado y el caso de David

Cuando llegó el momento de integrar el arquetipo del Colgado, David tuvo clarísimo a qué fin altruista y generoso quería dedicar su tiempo: «¡A mi mujer y mi hija!» respondió sonriendo. Conociendo su afán por los retos, le recalqué que el Colgado representa inacción, así que no hacía falta que lo convirtiera en una carrera por recorrer todos los parques infantiles de la ciudad.

Con la nueva perspectiva que le había dado su Ermitaño, David se dio cuenta que el tiempo que pasaba a solas le hacía tener más ganas de estar con su familia y de verdad estar presente. Igual que haría el Colgado, se centró en el tiempo que pasaban juntos, en aceptar las propuestas de su pareja, en lugar de intentar siempre imponer su alternativa y en adaptarse a los ritmos (¡Tan diferentes!) de su hija. «Podemos estar toda la mañana del domingo tumbados sobre la alfombra: todo le parece sorprendente a la peque. Y me olvido de mí mismo. Es increíble lo mucho que estoy aprendiendo de ellas. Creo que voy bien: esto se parece mucho más a una vida de verdad».

La Llave Maestra de la Templanza

- La Templanza simboliza el equilibrio, el punto intermedio capaz de integrar los extremos. Alude a la mesura, la mediación y la serenidad, en ese proceso en el que se equilibran todos los niveles de consciencia, de una forma natural y pacífica.

- Se relaciona con la meditación, el trabajo de energía, la sabiduría transcendente y la armonía. La Templanza representa la conciliación que se obtiene del entendimiento profundo: acepta la existencia tanto lo positivo como lo negativo del ser humano, y se sitúa en el término medio.

- Expresa calma, estabilidad, armonía, equilibrio, paz, y la capacidad de transmitir todas estas virtudes a los demás. Cualquier transformación que pueda darse nace de una aceptación profunda y amable. Es un arquetipo muy espiritual que ha logrado un profundo entendimiento de la existencia.

Esta bellísima carta está representada por la figura de una mujer alada, que vierte el contenido de una jarra roja en una jarra azul. Simboliza el acto de templar, al encontrar el equilibrio que armoniza la dualidad. Podemos decir que se asemeja a encontrar el punto templado, mezclando el agua caliente y el agua fría. Lo que está haciendo la Templanza es mezclar los opuestos con armonía, en un acto flexible y fluido de integración y tolerancia.

Simboliza la moderación, la voluntad personal de atemperar las exigencias del cuerpo y las posesiones materiales, sin rechazarlas ni dejarse arrastrar por ellas. Nos habla de la mesura y serenidad, el término medio entre la dualidad, cuando logramos entender y conciliar las energías opuestas que nos habitan. El símbolo de las alas nos habla de libertad y autonomía; y nos advierte de que su propósito es elevarse por encima de lo humano y por encima también de las grandes pasiones y derrotas.

La palabra Templanza viene del latín *temperare*, que en su origen significa templar, calmar o moderar la intensidad de una emoción, un dolor o una pasión. Curiosamente, se deriva de *tempus*, la misma palabra de la que proviene tiempo. Así que podemos entender que esta habilidad de asimilar las dualidades que están en nosotros, y equilibrarlas, es algo que conlleva paciencia y se le dedica tiempo.

Seguir la vía de la Templanza implica conocer y canalizar las emociones propias, comprender los deseos y los apegos, y liberarse de ellos mediante el equilibrio. Cuando podemos ver los polos opuestos, y en lugar de establecer una lucha, encontramos un reconocimiento a ambos.

La Templanza nos dice: «*Dejo fluir los opuestos en armonía e igualdad para que su equilibrio me permita entender todo lo que existe. Reconozco en mí la luz más sublime y la oscuridad más tenebrosa. Reconozco en mí lo femenino y lo masculino, lo sencillo y lo complejo, la generosidad y el deseo, el triunfo y el fracaso.*

Los acepto y los concilio en el término medio, para no ser esclava de ninguno, y los sitúo en equilibrio para permitir que fluya la energía de vida y la creación. Juego a la transmutación alquímica al trasvasar el líquido de una jarra a la otra, permitiendo la regeneración. Encuentro el gozo de vivir sin apego, que fluye libremente sin rechazar nada, entre el consciente y el inconsciente, el mundo interno y el externo, lo material y lo espiritual. »

Tradicionalmente se consideraba que este arcano representaba un generador de energía, porque su movimiento busca el equilibrio entre los polos opuestos, positivo y negativo, que fluyen de forma infinita. Hay múltiples religiones que han desarrollado el concepto que nos explica la Templanza como un camino espiritual en sí mismo, particularmente el budismo, el hinduismo y el taoísmo. Buscaban lograr la paz de espíritu mediante la moderación de las pasiones y la búsqueda del término medio, de la mesura, en todas las actividades cotidianas. El objetivo era aquietar la mente y equilibrar las energías opuestas del ser, y para ello practicaban ejercicios de meditación, de respiración, *asanas* de yoga y también el dibujo de *mandalas* o cualquier otra práctica que requiera concentración y serenidad.

La Templanza nos habla de una increíble capacidad de adaptarse a las circunstancias, sin olvidar por el camino cuál es la esencia propia. Implica un conocimiento profundo de las emociones y pensamientos personales, que ayuda a moderar el comportamiento sin ayuda externa.

Su energía es generosa, gentil y amable hacia el yo y hacia los demás; el agua fluye desde lo interno hacia lo externo, y viceversa, desde el fondo de una jarra hacia fuera, y de nuevo hacia dentro. De esta forma, es capaz de comprender tanto el comportamiento del Ermitaño como el del Colgado, y encuentra el punto intermedio para poder disfrutar de los beneficios de ambas energías. Igual que hace con esos dos conceptos hace con todo lo demás, por lo que es una carta de plenitud, que, estando en la mesura, no renuncia a ninguna cualidad humana.

El desarrollo de la Templanza implica un trabajo espiritual muy elevado que se manifiesta sobre la voluntad y que conlleva grandes dosis de quietud mental, desapego de lo material, prudencia, humildad y concentración. Desde la reflexión y la comprensión, intenta moderar las pasiones y las emociones turbulentas.

Este arcano te recuerda que tú eres el dueño de ti mismo en todo momento y que nada externo tiene poder suficiente para desequilibrarte. La armonía no es una exigencia inalcanzable. Esto no significa que no debas sentir ira, miedo o pasión, sino que, cuando percibas esas emociones descontroladas, las reconozcas, las valides, pero, en lugar de permitir que te arrollen, puedas canalizarlas con consciencia.

La Templanza, por cierto, no es solamente una carta espiritual: también ha encontrado el punto equidistante para manifestarse en el día a día. Se percibe cada vez que ocupas el papel de intermediario en una situación de conflicto o eres capaz de entender las motivaciones de posturas ideológicas opuestas. También, cuando reconoces que eres un ser complejo y que dentro de ti hay cualidades contradictorias, y que todo aquello que ocurre a otros podría, en un momento determinado, ocurrirte a ti también.

La Templanza no nos habla de un ser iluminado tocado por la deidad. Nos habla de la capacidad real que tenemos de decidir aportar calma y equilibrio a nuestra vida y la de los demás.

La Templanza y el caso de David

Hace más de cinco años que los ataques de ansiedad de David están bastante controlados. Aquellos episodios despertaron en él la inquietud por seguir conociéndose, que a la larga, ha resultado ser muy beneficiosa en su camino.

Cada vez está más centrado en su evolución espiritual, y su curiosidad le ha hecho aprender muchas técnicas para descubrir y disfrutar su serenidad interna. Lee mucho, y lo que es más importante, lee interesante. Aprendió a meditar (¡Por fin!) aunque sigue sin disfrutarlo demasiado. También probó a experimentar con mindfulness *y se interesó mucho por el* reiki *durante una temporada. Y he de decir que también tuve el placer de tenerle en mis cursos de tarot y enseñarle los secretos de Las Siete Puertas. La carta de la Templanza poco a poco ha ido sustituyendo al dinámico Carro de su personalidad, pero, cuando se lo digo, él solo me contesta con una sonrisa: «¡Que va! Me queda mucho para llegar a eso».*

Lectura de la Serenidad

Esta lectura está diseñada para ayudarte a centrarte en lo importante y acallar el ruido. Aparentemente es muy sencilla, pero es increíblemente transformadora si permitimos que su sabiduría impregne nuestras acciones cotidianas. Su poder yace en la energía que pongas en traspasar este umbral. .

1. *¿De qué siente hambre y sed mi alma? ¿Qué necesito en lo más profundo?*

2. *Consejo a potenciar: ¿Qué energía, pensamientos, acciones y emociones me ayudan a encontrar y habitar mi calma?*

3. *Consejo que conviene evitar: ¿Qué tipo de energías, planteamientos, escenarios y acciones me conviene ir dejando atrás? ¿Qué supone un lastre para mi espíritu?*

5. LA PUERTA DEL AMOR

Cómo construir relaciones plenas.

Uno de los principales motores del ser humano es el amor. Vivimos en grandes sociedades y, desde que nacemos, tejemos una red de afectos personales con aquellos que nos rodean. Necesitamos hablar, tocar, sonreír, colaborar y expresar nuestro amor. De hecho, estamos programados biológicamente para conectar con otros y para expresar esta necesidad básica de compartir con los demás.

A través de la *Puerta del Amor* vamos a hablar de todos los afectos. No vamos a tratar tanto del amor visto como un concepto altruista, sino desde la necesidad primaria de sentirnos incluidos y valorados dentro de un grupo. Exploraremos el concepto de pertenencia, entendido como el hecho de formar parte de una comunidad, de un contexto más grande que uno mismo. Una de las necesidades más poderosas del ser humano es la urgencia de pertenecer a tu propio clan, de sentirte aceptado, valioso y digno de ser amado en tu grupo.

Solo mediante la empatía y la compasión podemos entender realmente a otro ser humano. Las experiencias más dolorosas se viven cuando nos sentimos desconectados o irrelevantes, cuando sentimos que de alguna forma no merecemos esa conexión. El aislamiento, la inseguridad y el miedo serán los obstáculos naturales para integrar la *Puerta del Amor*. Por eso, es importante comprender que el amor comienza por uno mismo, ya que no puedes dar nada que no tengas previamente. Igual que una jarra, que sólo puede servir agua si está llena, para poder dar afecto, tienes que cultivarlo y la única forma en la que puede crecer el amor, es que lo alimentes dentro de ti. Cuanto más te ames, te aceptes, y te permitas crecer en plenitud, más amarás, aceptarás, y ayudarás a otros a crecer hacia su plenitud.

«Esperando a mi alma gemela». El caso de Irene

Irene tenía 34 años y un pequeño historial de asuntos amorosos desalentadores. Le preocupaba y le dolía el hecho de que nunca habían cuajado en serio sus relaciones: «¿Qué es lo que hago mal?» me preguntó. Su relación más estable había durado cinco años, pero no estaba segura si de verdad había estado enamorada. «Era un poco como dejarme llevar por la rutina».

En su lectura, su forma de entender el amor se identificaba con la Luna invertida y el Colgado invertido, lo que ya nos avisaba de su tendencia a idealizar el amor y a sacrificar sus propias necesidades y deseos para anteponer los de su pareja. Sin embargo, Irene tenía muy claro cómo debía ser su hombre perfecto: cómo vestiría, lo guapo que sería y cómo la trataría. «Yo no pienso rebajar el listón. Debe ser un hombre elegante, seguro, que me trate como a una reina, que se siente al volante y que haga planes para sorprenderme. Esas cosas tienen que salir de él mismo, claro, porque si tienes que decírselo tú, es que no hay conexión».

Cuando profundizamos más, se hizo evidente que esas afirmaciones no nacían de una seguridad de preferencias, sino del ideal de amor romántico que había absorbido desde pequeña. Había tantos preceptos en su cabeza de «cómo debía ser» su alma gemela, que no la permitían conocer de verdad a las personas con las que se cruzaba. Era bastante probable que, en realidad, no se hubiera enamorado de sus ex parejas, sino más bien de la idea que ella misma tenía sobre el amor.

Sus expectativas inconscientes exigían que su pareja fuera perfecta, pero, de la misma manera, la parte insegura de Irene intentaba convencerla de que ella misma no era suficiente. Que no era suficientemente seductora, segura, delgada, interesante, guapa. Y que más le valía aparentar ser algo distante «para que él no pierda el interés» decían sus temores de Emperatriz invertida.

Intentar mantener todos esos aspectos bajo control, le provocaba un gasto de energía inmenso y la agotaba, nos avisó la Fuerza invertida. La Estrella invertida indicaba que tampoco se permitía mostrarse tal como era, y así era imposible que pudieran conocerla de verdad.

La Llave de la Luna

- Este es, probablemente, el arquetipo más complejo del tarot, porque dentro de sí manifiesta aspectos cíclicos y también antagónicos, igual que la luna (Luna llena con la máxima luz y Luna nueva con la máxima oscuridad). Alude a la parte inconsciente del ser humano, intuitiva, sensible, fluida, imaginativa y empática.

- La Luna nos habla del mundo interno, de nuestros sueños y fantasías, y de aquello que podemos mostrar a otros mediante la creatividad. Representa la capacidad de fluir y adaptarse, además de relacionarse con los demás adoptando la posición del espejo, mimetizándose de alguna forma con lo que le rodea.

- Este arcano nos enseña que aquellas emociones que la tradición entiende como negativas forman parte de nosotros, y tienen una función primordial de conectarnos a los demás, de ayudarnos a ponernos en su lugar y sentir compasión. También se relaciona con la melancolía, la vulnerabilidad y con el duelo; y en general todo aquello que necesitamos sanar mediante las emociones y asumiendo nuestra propia fragilidad.

En el diseño de esta lámina podemos observar una masa de agua acotada, como un estanque o piscina. El agua simboliza las emociones y los cambios cíclicos, como las mareas que cambian atraídas por la luna. También tiene relación con la creatividad y con la sabiduría intuitiva[10].

El límite construido del estanque nos dice que las emociones no se expresan libremente, sino que están acotadas y se mantienen hacia el interior. Es lo que, más tarde, el relevante psicólogo Carl Jung, llamaría el inconsciente colectivo.[11] Otro símbolo interesante son las torres que vemos flanqueando la carta y que se pueden identificar con el aislamiento, aquello que ocultamos a la vista de los demás, o cuando nos ocultamos a nosotros mismos para protegernos. Simboliza fragilidad e inseguridad.

Por cierto, la empatía y la receptividad de este arquetipo se manifiestan en la propia Luna. La cualidad principal de nuestro satélite es su capacidad para recibir la luz del sol y reflejarla. También vemos esa capacidad de entender los asuntos de otros en la forma de las gotas que, en lugar de caer, se elevan hacia la Luna, que atrae y capta las emociones de los demás como si fuera un gran imán. Así que este arcano es la invitación perfecta para investigar las emociones en profundidad, tanto las nuestras como las ajenas, y también para comprender la cara oculta del ser humano, desde una posición compasiva y empática, alejándonos de la perspectiva crítica.

Lo primero que vemos en la *Puerta del Amor* es un concepto ineludible: la autoaceptación. Decíamos que la Luna es una de las cartas más complejas, porque su misión es representar una realidad igualmente enmarañada: nuestra psique inconsciente. La Luna, como un espejo, nos muestra nuestra propia ambivalencia. A veces, lo que deseamos desesperadamente y lo que más nos atemoriza es lo mismo: que el otro reconozca nuestra auténtica personalidad. *«Necesito que me veas tal y como soy, que me aceptes y que me quieras. Y, como necesito que me aceptes, tengo un miedo visceral a mostrarme tal y como soy, por si me rechazas.*

---

10. Juan Eduardo Cirlot (1969). *Diccionario de Símbolos*. Siruela

11. Carl Gustav Jung (1969). *Los arquetipos y el inconsciente colectivo*. Barcelona, Paidós.

Pero, al mismo tiempo, si no me muestro, no me puedes amar, porque estarías amando mi parte fingida. Aunque hasta que no esté seguro que me amas, no me puedo mostrar».

Representa un dilema circular. Si haces un pequeño ejercicio de memoria y de auto-conciencia, es probable que identifiques algunas situaciones de tu vida inmersas en esta dicotomía. Y, si no es así, ¡disfrútalo!

Tiene mucho sentido que evites compartir algo si piensas que lo van a rechazar. Construimos barreras invisibles a nuestra personalidad, como las torres que hay en la carta, para intentar ocultar aquello que nosotros mismos consideramos reprobable o negativo. Nuestro objetivo es mantenernos aceptados y valorados dentro de nuestra pareja, familia, o comunidad. Piensa por un momento en tus secretos ¿qué es lo que no compartes? ¿qué crees que ocurriría si lo compartieses?

Escondemos aquello que nos hace sentir vulnerables, las emociones incómodas o lo que alguna vez nos dijeron que era inadecuado. Tal vez escondas tus crisis o tu inseguridad. O tal vez ocultes tu relación con la comida o con otras personas. O asuntos que consideras vergonzosos. O simplemente ocultes tu desorden cuando recibes visita.

Por ejemplo, sabemos que la pornografía es una industria millonaria en Internet, con miles de millones de personas que la consumen, pero ¿qué personas de tu entorno te han confesado que la ven?, ¿tu pareja, tus amigos, tus compañeros de trabajo?, ¿tus padres, tal vez?

Escondemos nuestra parte compleja, insegura, la que consideramos defectuosa, la que a fin de cuentas nos avergüenza ser. Ocultamos lo que pensamos que no está adaptado para el otro, lo que creemos (o sabemos) que puede provocar su rechazo. Así que, para amoldarnos a la norma, superponemos una «versión aceptable» de nosotros mismos. Y hacia el exterior mostramos lo que consideramos que será aceptable y agradable. La generosidad, la alegría, la sonrisa que dice que siempre estoy bien. Atención a esta ecuación, que es importante: cuanto menor sea la diferencia entre tu versión social y tu auténtico yo, más realizado te sentirás.

Es por esto que la carta de la Luna, de forma un tanto superficial, siempre se ha asociado a lo oculto, al engaño, a lo voluble. Pero ... ¿te has parado a preguntarte por qué deberíamos esconder algo?, ¿por qué mientes cuando lo haces?, ¿qué te lleva a querer ocultar algo de ti mismo?

El miedo nos mueve a escondernos y, por el contrario, la compasión por nosotros mismos nos permite mostrar nuestra vulnerabilidad, y también, aceptar la fragilidad en otros. Cuando alguien se expone y se muestra tal y como es, frecuentemente, los demás no lo percibimos como debilidad, sino como un acto de valentía. Al mostrar tu auténtica personalidad, fortaleces tu parte vulnerable, le quita carga negativa, la relativizas.

Piensa en los casos de *bullying*. Hay una dolorosa tendencia de mantenerlo en secreto por parte de la persona que lo sufre. De alguna forma, su inconsciente se ha creído algo de lo que le han dicho sus acosadores, un tipo de pensamiento que tal vez se exprese así: «*hay algo erróneo en mí, en parte, esto me pasa por cómo soy. Y, si lo cuento, de alguna forma, los demás también verán esa parte errónea y me van a rechazar más*».

Sin embargo, cuando alguien que sufre acoso consigue contarlo en un entorno propicio, se encuentra con muchísimas personas que se sienten reflejadas en su situación, se identifican con ella y le dan ánimos. La misma causa objetiva ha pasado de ser, de un motivo de aislamiento y dolor, a un motor de aceptación y valoración.

La Luna es la dueña de la compasión y la empatía. Representa la capacidad de empatizar, de entender los problemas de otros y de escuchar activamente. Y la primera persona con la que debes permitirte ser compasivo y entender sus defectos eres tú. Se amable contigo mismo. El amor bien entendido comienza por uno mismo, porque nadie es capaz de dar una parte de aquello que no tiene. De hecho, cuanto más amor sano tengas por ti, cuanto más amable seas hacia tus pensamientos, cualidades y acciones, más fácil te será ser amable con las acciones, cualidades y opiniones de los demás. Quien no tiene amor por sí mismo no puede dar amor a nadie.

Si lo que hay dentro de ti es una carencia, porque no te valoras, o porque te juzgas insuficiente, o por que sientes un miedo abrumador a ser rechazado, entonces, en lugar de aceptar a la otra persona, lo más probable es que le traspases tu creencia. En vez de asimilar sus cualidades y amar a un ser imperfecto (todos lo somos), pretenderás que se esfuerce tanto en aparentar perfección como te esfuerzas tú.

Si te fijas, seguramente conozcas a alguna persona que, por mucho que la cuides, aceptes y digas frases cariñosas, nunca se siente suficientemente querida ni cuidada. Pero seguramente también habrás conocido a alguna persona a la que cualquier detalle mínimo le haga sentir profundamente amada y agradecida.

Necesitamos aprender esto: quien no se acepta, se considera insuficiente y, por tanto, todo lo que reciba, le parecerá insuficiente. Quien se ama como es, se considera suficiente y todo lo que reciba será un extra, un regalo.

Ahora bien, estamos hablando de compasión ¿verdad? Entender que necesitamos amabilidad también conlleva entender que es bastante probable que esa aceptación incondicional hacia uno mismo sea difícil de alcanzar. Al fin y al cabo, sólo somos humanos. Pero es muy interesante poder verlo y darnos ánimos cada paso del camino que vayamos recorriendo.

En general, nos resulta más fácil ser empáticos con los demás, pero solemos tener tendencia a ser muy críticos con nosotros mismos. Exageradamente críticos, diría. Hay frases y formas de hablarnos que jamás le diríamos a otra persona, incluso si hiciera las cosas peor que nosotros. Y el gran problema es que esa vocecita crítica que tenemos en la cabeza está presente 24 horas al día y todos los días de nuestra vida. Es crucial que aprendas a hablarte a ti mismo con amabilidad.

Es algo que no nos enseñan en el colegio, ni se considera fuera de lo normal. Tal vez no puedas decir barbaridades a tu cuñado en Nochebuena, pero es posible que nadie se asuste si te las dices a ti mismo. Imagínate que alguien está llevando a cabo cualquier tarea y de pronto exclama: «*¡Soy un desastre, esto es horrible! No sirve ni para tirarlo a la basura, es que soy lo peor*». La respuesta corriente podría ser: «*¡Que va! seguro que no es para tanto*».

Pero una respuesta interesante sería: «*Te esté quedando como te esté quedando, no es tan importante como para que te maltrates así*».

Nos fijamos en la anécdota cuando, en realidad, es bastante irrelevante si algo encaja o no. Lo que sí tiene repercusión emocional es cómo te tratas a ti mismo y las palabras que te dices. «*Soy lo peor*» es una frase que me encantaría que desapareciera de la faz de la tierra. Sobre todo porque nuestra forma de expresarnos tiene una repercusión inmediata en cómo nos sentimos. No es lo mismo decir «*Estoy bloqueado*» que decir «*Necesito desbloquearme*».

La tolerancia y aceptación de uno mismo han de ser globales. El asunto, y esto es lo peliagudo, es no solo aceptar las cualidades que están valoradas socialmente y resultan apetecibles. El objetivo es llegar a amarnos por lo que *no está valorado*, incluso por aquello que socialmente se desprecia, pero que forma parte de nosotros. ¿Te imaginas? No sólo conseguir amarnos a pesar de los defectos, si no también por que forman parte de nosotros; ser capaces de amar lo débil, lo feo, lo vulnerable que hay en nosotros, porque eso también nos hace humanos.

La segunda parte que vamos a tratar con este arquetipo es la forma en la que nos relacionamos con el otro. Bajo esta idea vamos a ver cómo expresamos afecto a la pareja, a la familia o a los amigos. El arcano de la Luna se ha ligado tradicionalmente al embarazo, a la lactancia y a los primeros años de crianza, así que tiene un vínculo natural con lo que aprendiste durante tu infancia. Según estudios psicológicos, los expertos aseguran que adquirimos nuestro estilo de apego afectivo durante los dos primeros años de vida[12]. Dependiendo de la forma en la que te trataban los adultos que cuidaban de ti, aprendiste que tus necesidades eran escuchadas y atendidas o aprendiste que tenían una importancia relativa.

---

12. John Bowlby (1969). Attachment. Nueva York, Basic Books.

Voy a poner un ejemplo de ello. Imagínate un niño de 10 meses. Sus necesidades básicas parecen resueltas: ha comido, está limpio, y sus padres le han puesto en su cuna para que duerma. Pero el niño no consigue dormirse, comienza a llamar a sus padres y, al cabo de un rato, a llorar a pleno pulmón. En su mente infantil, no sabe dónde han ido sus padres, así que llora lo más alto que puede para que puedan oírle si se han alejado. Tiene otra necesidad: quiere estar con sus padres. Es una necesidad afectiva, de seguridad y protección. Y hay varias formas de responder a esta necesidad.

Tal vez los padres vayan a consolarle, pero le digan que *no le pasa nada*, que se duerma, que los niños grandes tienen que aprender a dormir solitos en sus camas (me gusta imaginar el día que un niño o una niña responda «*entonces, ¿por qué los adultos dormís juntos?*»). En ese caso aprenderá que lo que está sintiendo, la necesidad de afecto y seguridad no es importante, que en realidad, *no le pasa nada*.

Comer y beber, en cambio, sí es importante según su aprendizaje, pero no lo es pedir compañía o mimos. ¿Te imaginas cuantos vasos de agua pedirá antes de conseguir dormirse? Por cierto, es precisamente la carta de la Luna, cuando está invertida y en ciertos contextos, la que identifica los desórdenes alimenticios, tanto en exceso como en defecto. Es apabullante la cantidad de carencias emocionales y ansiedades que manifestamos a través de la relación con la comida.

Otra opción es que los padres, simplemente, dejen a la criatura llorando, en la creencia de que así se hará más independiente y fuerte. Y es cierto, se hará más independiente. En este caso, pronto dejará de llorar: habrá aprendido que, por mucho que se esfuerce, no tiene herramientas para obtener el afecto y seguridad que precisa en ese momento, y que más le vale aprender a gestionarse solito.

Y otra opción será que los padres entiendan que lo que reclama su hijo o hija es afecto, consideren que es importante y validen su emoción. En este caso, aprenderá que lo que siente está bien, aunque el sentimiento sea vulnerabilidad, que sus emociones son importantes y que puede recibir el afecto que necesita.

Según los investigadores Amir Levine y Rachel Heller[13], hay dos tipos básicos en la forma en la que creamos vínculos emocionales con los demás: el apego seguro y el apego inseguro.

A las personas que establecen vínculos de apego seguro, les resulta natural confiar en otros, expresar lo que quieren, y sentir afecto. Con frecuencia en su infancia aprendieron de unos padres que respondían a sus necesidades con cariño y han recibido el mensaje de que merecen ser amados.

Estas personas probablemente sentirán menos miedo al rechazo y tendrán menos desconfianza a mostrarse vulnerables, igual que aceptarán mejor sus defectos. *«Me muestro, porque merezco mostrarme, me merezco ser fiel a quien soy.»*

Por otra parte, el tipo de apego inseguro puede manifestarse de más formas. Si, cuando en tu infancia, atendían pocas veces a tus peticiones de protección y afecto, entonces es posible que aprendiera que no se podía depender de los demás para obtener apoyo, calidez y cariño. Probablemente el resultado sea una de estas formas de crear vínculos inseguros: relaciones ansiosas, relaciones distantes o evitativas-temerosas.

El apego ansioso se caracteriza por desear la intimidad, por darse a la otra persona rápidamente y, con frecuencia, experimentar enfados o ser muy sensible a las reacciones de la pareja. Este tipo de apego pone toda su energía y su pensamiento en que la relación funcione bien, porque una parte de su inseguridad le hace creer que no será así. Simbólicamente sería como la fase de la Luna creciente, siempre con las expectativas de tener cada vez más y con la sensación de que aún no está llena.

Por otra parte, las relaciones de afecto distantes se definen porque prevalece la independencia: demasiada intimidad les hace sentir incómodos. Es un estilo de apego que no se abre a sus parejas y que suele sentir conflictos con el territorio: tienen facilidad por sentirse invadidos. Esta sensación podríamos asociarla a la

---

13. Amir Levine y Rachel Heller (2011). *Attached*. Londres, Rodale.

Luna nueva, que se oculta y se distancia de la luz, y no le interesa reflejar mucho del otro, sino permanecer tal y como es.

Las relaciones de apego evitativas-miedosas están más relacionadas con la infravaloración de uno mismo y con la tendencia a pensar que la pareja no desea estar con ellos con la misma intensidad. Sienten desconfianza hacia las motivaciones y actuaciones de su pareja. Simbolizaría la Luna menguante, que cada vez se la ve más pequeña y va reduciendo su brillo.

Todas estas indicaciones nos vienen fenomenal para entender mejor qué se mueve dentro de nosotros. Sea cual sea tu estilo, y la programación inconsciente que recibiste en la infancia, es importante recalcar que una de nuestras maravillosas cualidades es la plasticidad: puedes reprogramarte con aquello que sea mejor para ti. ¡Estamos en la *puerta* adecuada para poder cambiar los patrones de amor!

Es muy interesante descubrir qué tipo de apego tienes, porque solo podemos transformar aquello que entendemos. (Si tienes curiosidad por saber qué tipo de apego tienes tú, te he preparado un pequeño test para que salgas de dudas, puedes encontrarlo escaneando el código de la introducción.)

Para terminar con este emocionante arcano, vamos a investigar la relación que tiene la Luna con emociones consideradas tradicionalmente como *negativas*. Con frecuencia se la asocia con lágrimas, decepciones, melancolía e inseguridad, sin indagar mucho más en la razón profunda.

Antiguamente teníamos una relación más natural con el sufrimiento, la fragilidad y el duelo. La muerte estaba presente en nuestra vida cotidiana y nos enfrentábamos de una forma menos dramática al dolor. Ahora nuestra sociedad del bienestar está centrada en no sufrir, en no sentir emociones desagradables. Es cierto que tenemos una mayor calidad de vida, pero hay una especie de obsesión por el bienestar absoluto y nos cuesta afrontar la adversidad. De hecho, la tendencia es intentar adormecer las sensaciones negativas, como expresa certeramente la investigadora Brené Brown:

« *Insensibilizamos nuestra vulnerabilidad (...) Somos los adultos más endeudados, con mayor sobrepeso, con más adicciones y más medicados de la historia. El problema es que no puedes insensibilizar la emoción de forma selectiva. No puedes decir «aquí está todo lo malo, la vulnerabilidad, la pena, la vergüenza, el dolor, el miedo, la decepción. No quiero sentir esto. Voy a tomarme un par de cervezas y un trozo de pastel». No se puede insensibilizar los sentimientos negativos, sin insensibilizar otras emociones como la alegría, la gratitud, la felicidad.[14]* »

Aceptar lo imperfecto, entender tus carencias, debilidades y fracasos es la forma de poder amarte en todo lo que eres. También es el primer paso para amar a otra persona. No te preocupes, claro que es difícil, pero merece ponerle energía. En el estanque de la Luna se refleja un aprendizaje maravilloso, y es que de la misma fuente emocional de la que nacen la inseguridad, la empatía, y la necesidad de ser amado, nacen también la creatividad, la valentía para superar el miedo, y la compasión.

La Luna y el caso de Irene

Cuando Irene empezó a entender lo que quería decirle la carta de la Luna, fue como abrir la caja de Pandora. Decidió, muy sabiamente, apoyarse en la psicoterapia y empezó a indagar en sus emociones, en la concepción que tenía de sí misma y averiguó qué tipo de patrones había adquirido durante la infancia. «Fue un proceso difícil, que duró más de un año... creo que de vez en cuando aún tengo que revisar ciertos aspectos que van apareciendo. Me sirvió para darme cuenta de que estaba buscando a alguien que no existía, pero también entendí que me obligaba a mí misma a ponerme en circunstancias que, en el fondo, no me hacían feliz.

---

14. Brené Brown (2010), *The power of vulnerability.* TED conference. Accesible en línea: https://www.ted.com/talks/brene_brown_on_vulnerability?language=es

En vez de centrarme en tener citas y descartar gente, me centré en mí, en entender qué me pasaba, por qué sentía que siempre elegía mal. Lloré, rabié, me enfadé con mis padres, pensé que era la persona más desgraciada del mundo. Después entendí que mis padres habían hecho lo que habían podido y me reconcilié con ciertas cosas. Un día, después de muchos meses y trabajo, en un ejercicio escribí que, a pesar de todas mis porquerías, me merecía encontrar a alguien a quien querer y que me quisiera, porque tenía mucho que ofrecerle de corazón. Y, cuando se lo leí a mi terapeuta, supe que era verdad. Así fue como me di cuenta que había hecho las paces conmigo misma.»

La Llave del Sol

- El Sol es el arquetipo de la felicidad y de la alegría. Representa la comunidad y cómo las personas mejoramos mediante la colaboración. Es el arcano con la mentalidad más positiva, y tiene tendencia a enfocar cualquier asunto desde una perspectiva optimista. El Sol no se preocupa por las cosas, se ocupa de ellas.

- Uno de los conceptos más interesantes de este arcano es que el origen de su felicidad no es, en sí, que le vayan bien las cosas. El Sol es feliz porque *ha decidido serlo*. Cada mañana entrena su forma de buscar alegría y su energía desbordante, e intenta contagiarlas a su alrededor. Este arquetipo está determinado a experimentar felicidad, y lo elige a lo largo de su día siempre que le es posible.

- Es una voluntad beneficiosa, que fluye acorde a la vida, que se deleita con las pequeñas cosas y disfruta rodeándose de la gente que quiere. Es la determinación de la alegría, la felicidad conquistada paso a paso. Este tipo de energía siente predilección por hacer destacar en los demás aquello que les hace sobresalir.

¿Cuál es tu clan? ¿Sabes dónde puedes ser tú mismo sin tener que ocultarte, dónde puedes compartir lo que realmente te apasiona? ¿En qué entorno te permites brillar?

La pertenencia al clan es algo que podemos buscar y generar conscientemente. Los beneficios de sentirte dentro de un grupo, de formar parte de algo que es más grande que tú mismo, son incontables y tan valiosos que a veces se identifican con el propósito de vida. Ese es el lugar que el arquetipo del Sol pretende construir, hacia allá van sus esfuerzos, su energía y su optimismo.

Si recordamos, la parte pasiva de la Luna, de alguna forma, creía que nunca podría tener esa sensación, ese grupo en el que sentirse felizmente integrado. Y, como ha creído que lo tiene vedado, no hace nada para cambiarlo. De forma inconsciente, el arquetipo representado por la Luna, piensa que no es suficientemente válido para tomar su posición en el mundo y que, si no pertenece a un grupo que le acepte, es porque no se lo merece. Cree que será porque tiene algún fallo o alguna tara insalvable. El Sol, por el contrario, va a hacer todo cuanto esté en sus manos por encontrar esa comunidad, ese clan donde es valioso y aceptado.

Si nos fijamos en los símbolos de la carta, vemos un *splendur solis* en el centro de la lámina. Tanto los rayos de luz como las gotas de colores, símbolo de las emociones, caen sobre dos niños casi desnudos, que sólo se cubren con un *paño de pudor*. Esto simboliza que los dos niños se muestran tal y como son, además, uno está tocando el corazón del otro, mientras el otro le pone la mano en el hombro: «*Conecto con tu emoción, y recibo tu apoyo.*»

Así desaparece la necesidad de ser perfectos: nos mostramos tal y como somos, como niños pequeños. La clave es reconocer que eres suficiente, aquí y ahora, sin más preparación. «*Soy valioso, soy digno de ser amado, soy merecedor, incluso si tengo una cualidad que prefiero cambiar. Me merezco intentar mejorar esta cualidad. Que lo consiga o no lo consiga, no cambia el hecho de que merezco invertir esa energía en mí. Lo mejoro porque lo decido, no porque sea una necesidad inapelable.*»

El Sol, por cierto, es una carta que se relaciona con la piel, una de las pocas donde vemos una caricia, un contacto. Para entender esta energía, es preciso reconocerlo como aquello que nos une, lo que nos hace comunicarnos unos con otros y entrar en conexión. Es un arquetipo de interrelación, lo que ilumina lo social, la fraternidad y el afecto emocional.

Hay otro elemento que es crucial para entender esta carta: el muro que hay detrás. Apenas son unas hiladas de ladrillos, no podría detener nada, ni separarnos, porque en realidad simplemente simboliza la tarea de construir en sí misma. Es el detalle que nos revela que la felicidad es construida.

Como adelantaba antes, la felicidad que representa el Sol no se debe a que todo te vaya bien. Es ser feliz porque lo decides a diario. El Sol es (al contrario de la Luna) la carta que se expone, que se entrega, sin tener garantías de cómo va a ser recibido. Es el primero en ofrecer la mano, el que antes da los buenos días, el que se arriesga primero a decir *te quiero*.

Atención, que esta carta no implica que esta actitud te sea fácil o natural; quiere decir que, si te lo propones, puedes construir esa forma beneficiosa de relacionarte con los demás. Por cierto, que sea construido, no significa que sea fingido, solo que has tomado una decisión consciente y has puesto tu energía a su servicio.

¿Te has preguntado cuántas cosas cambian en ti cuando te ríes? ¿La diferencia que sientes cuando te enfrentas a la vida desde el optimismo? La risa es un catalizador instantáneo. La sonrisa y la carcajada, ya que estamos hablando de ello, son gestos que no solo son para nosotros ¿te has fijado que solo en contadas ocasiones reímos o sonreímos cuando estamos solos? Eso es debido a que la risa es un acto que regalamos a los demás. Por eso las personas que tienen rasgos semejantes al Sol suelen ser siempre bien recibidas. La positividad es muy valiosa -sobre todo, dadas las características de nuestra sociedad-, ya que somos una cultura más orientada a la crítica y el individualismo que a la risa y la colaboración. Por eso es tan importante entender el valor que tiene este concepto, la extraordinaria capacidad que tenemos de transmitirnos, inspirarnos, darnos confianza y ánimos unos a otros.

Seguro que lo has experimentado alguna vez: cómo cambia todo cuando alguien te dice: «*Tú puedes. Claro que puedes hacerlo, tengo fe en ti*». Es una energía que funciona escandalosamente bien: si tratas a alguien dando por hecho que es una persona fantástica, le va a resultar mucho más sencillo ser una persona fantástica contigo. Esa habilidad de influirnos positivamente unos a otros es invaluable, y nos conduce a buscar conscientemente lo que hace brillar a otra persona. Precisamente esa es la decisión del Sol: «*voy a sacar lo mejor de cualquier persona, de mí mismo y de cualquier situación*».

Otro concepto interesante que aprendemos de este arcano es la capacidad de cuestionar dónde ponemos el foco de atención. El Sol ilumina de manera positiva, aporta calidez y bienestar. Esta idea se relaciona con la *caricia emocional*, que es el apoyo, el gesto amable, el abrazo o el comentario cariñoso que te aporta otra persona o que aportas tú.

Vamos a detenernos un momento a pensar qué creencias rígidas son propiciadas desde nuestra sociedad respecto a esto, tal vez expresadas de formas parecidas a estas: «*No pidas halagos, sé humilde. Los besos no se piden; si tienes que pedirlos, ya no sirven. Ir dando abrazos por ahí es muy raro y, si eres un hombre, tienes que dar la mano para saludar a otro hombre, incluso si es tu padre o tu hijo. ¡No vayas a besar a otro hombre en la mejilla, por dios! Y si das un abrazo, que sea corto, por si la otra persona se incomoda. No hagas caricias, excepto a tu pareja, a los niños o a los perros*».

Este tipo de planteamiento, aunque lo acabo de exagerar, aún sobrevive más o menos perceptible en nuestra cultura. Tenemos cierta tendencia a desviar el foco de lo positivo, a no valorar en público nuestras propias aptitudes y nuestra valía personal, a no aceptar o a minimizar el halago de otros. Es la humildad mal entendida. ¿Alguna vez has expresado en tu entorno laboral lo orgulloso que estás del trabajo que has hecho? Espero que sí, aunque sea una excepción. En realidad, se da por supuesto que debes hacerlo bien.

Esto tiene que ver con la idea que tenemos de crítica y la tendencia que tenemos a señalar únicamente lo negativo. Simplemente estamos eligiendo relacionarnos con el otro a través de lo que le hace de menos, a través del error, en lugar de elegir relacionarnos a través de lo que le hace más grande.

Imagínate una persona en medio de una reunión, impecablemente vestido. Los zapatos relucientes, la ropa planchada, el pelo bien peinado, y oliendo estupendamente. Y, entre todas estas cosas, una mancha en la camisa. Es muy probable que lo único que le digan es: *«Tienes una mancha»*. Cierto, es un hecho objetivo. También podrían haberle dicho *«tus zapatos están relucientes, me encanta tu peinado, tu ropa no tiene una arruga y hueles fenomenal»*. Pero, la verdad, es que se hablará de la mancha únicamente.

Se da por sentado las cosas maravillosas que hacemos cada día, pero se pone el foco en cada error que cometemos. En un dictado a un niño, se contabilizará en lápiz rojo cada error, pero no se valora cada palabra escrita perfectamente. Y hay una diferencia enorme para nuestra psique que nos digan: «Has fallado un 5%» o «Has acertado un 95%», aunque el hecho sea objetivamente el mismo.

¿Alguna vez te has planteado qué es lo que quieres conseguir con las frases que dices? El Sol se relaciona con la luz, pero también con ser consciente de aquello que vas a iluminar. Es un arquetipo honesto, pero también sabe qué quiere conseguir y dónde va a ser más eficaz su atención. *«Hoy te has levantado horrible»* dijo nunca un Sol en ninguna parte. No lo dice, porque es innecesario: es una frase que no sirve para mejorar nada, ni para construir nada. Es una frase que solo sirve para incordiar a la otra persona y no tiene que ver con la sinceridad: es una manifestación del ego para sentirse más importante. Sin embargo, el Sol sí que sabe exactamente lo que puede crear con un *«¡Estás radiante hoy!»*.

Este extraordinario y sencillísimo conocimiento es algo que puedes aplicar de una forma muy concreta si te dedicas a leer el tarot a otras personas o si lo haces en algún momento; pero también de forma general cuando aconsejas a tu pareja, familiares o amigos.

Vamos a partir de la base de la honestidad, para analizar el enfoque que damos a lo que decimos. Busca las siete diferencias entre las siguientes frases

1) *«Estás fatal, yo veo que lo estás pasando muy mal. Te has equivocado en tus decisiones en el amor, y por eso te has quedado solo».*

2) *«Aunque ahora te sientas solo, date cuenta de que tienes capacidad para tomar mejores decisiones de aquí en adelante. Y sí, es verdad, has tomado un 5% de malas decisiones, pero también es cierto que, en el resto de los ámbitos de tu vida, has tomado decisiones magníficas: te llevas bien con tu familia, tienes un buen trabajo y cuidas tu salud. Igual que lo has hecho en esos ámbitos, eres capaz de tomar buenas decisiones en el amor»*

En ambos casos estás siendo sincero, pero mientras una frase es una sentencia, la otra anima a buscar una solución. Lo que estás expresando es absolutamente diferente entre las dos formas de comunicarte. ¿Cómo quieres que se sientan los demás al despedirse de ti? ¿Quieres regalar críticas o motivos para avanzar? Cómo queremos conectar con los demás es decisión nuestra y también parte de nuestro potencial.

Con esto no quiero decir que no sea necesario aceptar nuestras carencias y defectos, lo que quiero decir es que enfocarnos únicamente en ellos nos impide avanzar. Es como si, al tropezarnos con una piedra, empezásemos a dar vueltas alrededor señalándola, en lugar de recobrar el paso, superarla y seguir andando.

Uno de los inconvenientes de relacionarnos a través del defecto es que la comunicación es menos eficaz en términos de crecimiento y de creatividad. Si temes hacer algo mal, si lo que estás pensando es que los demás van a señalar los errores, hay menos posibilidades de que te arriesgues a innovar, a proponer algo nuevo que, precisamente por ser nuevo, puede tener debilidades y ser criticado desde muchas perspectivas.

La crítica constante no nos hace avanzar, nos hace detenernos. Es preciso valorar si son más importantes un puñado de cualidades positivas o la única que desentona del conjunto. Eso no significa que no sea necesario, como decía antes, mostrar en determinados momentos aquello que no está bien y así poder seguir creciendo. Lo que quiere decir es que, si tenemos esta mentalidad como modo habitual de enfrentarnos a todo, la creatividad y la inspiración se van a ver sometidas a la certeza y a la parálisis.

Lamentablemente, la crítica constructiva eficaz se da en muy pocas ocasiones. Hay estudios que aseguran que, para que una crítica promueva de verdad un cambio, tiene que provenir de una persona de confianza, que previamente haya valorado certeramente tu esfuerzo un cierto número de veces. Si la crítica viene de alguien que no ha hecho este trabajo previo de valoración, la reacción habitual es cerrarse como la carta de la Justicia. No se tiene la sensación de que la otra persona nos quiere ayudar, sino de que nos está juzgando.

Las personas que estén en actitud Torre, señalarán cada defecto a las personas con las que interactúen. Pero hay que entender que no siempre será lo más eficaz. De hecho habrá personas que no estén preparadas para desaprender con la función de la Torre y que, en ese momento, puede ayudarle más un *tú puedes* del Sol.

Desde hace tres *puertas* ya sabemos que una gran parte de lo haces en tu vida es tu decisión, incluyendo lo que sale por tu boca y lo que no, incluyendo lo que quieres inspirar en otros y lo que no. El Sol te ayuda a decidir cómo quieres relacionarte con los otros. Nadie se queda igual después de una interacción humana, es prácticamente imposible. Aunque sea de segundos, cada uno de nuestros actos y palabras generan una consecuencia en los demás. Fingimos que no es así, que lo que hacemos con nuestra vida no tiene repercusión en otros, pero sencillamente no es verdad.

Es más fácil de lo que creemos ayudar a alguien a construir su autoestima. Mejorar las cosas está al alcance de todos, y el impacto que se puede generar a largo plazo es tremendo, comenzando por las personas que tenemos a nuestro alrededor. A veces hacemos oídos sordos, o creemos que no tiene relevancia la contestación que damos al repartidor de correos, el saludo que damos o negamos a las personas con las que interactuamos, pero lo cierto es que una de las cosas que más peso tiene en nuestra existencia es la relación con otras personas.

Un último matiz de esta carta, basado en el gesto de los dos personajes: aprende a aceptar un comentario afectuoso cuando te lo ofrezcan. No desvalorices a quien esté valorándote, no restes importancia a su opinión y a su amabilidad al expresarla. Es muy frecuente que nos sintamos mejor diciéndole a otra persona lo que vale, en lugar de aceptar nosotros el cumplido. Comienza a desarrollar la confianza en los que te rodean.

Es cierto, hay excepciones y personas que van a intentar dañar o aprovecharse de otros. Somos muy conscientes de ello, para eso están las noticias y los periódicos recordándolo cada día. Pero, si has perdido la fe en las personas, te propongo un pequeño ejercicio. Intenta imaginar en una balanza a todas las personas que han querido ayudarte o que han sido amables contigo y, en el otro platillo, coloca imaginariamente a las personas que conscientemente te han querido dañar. Aunque haya excepciones, una gran mayoría de la población decide colaborar llegado el caso, al encontrarse en una situación de necesidad o emergencia. Si se tiene opción, la tendencia natural es ayudar. Seguro que a ti también te pasa. Nuestra naturaleza nos hace fijarnos más en eventos negativos, porque esa tendencia nos ayudaba a sobrevivir. Pero es necesario tomar consciencia de que se puede mejorar, y que, de hecho, estamos mejorando nuestro mundo.

Datos para la esperanza: en los últimos doscientos años, según el estudio estadístico del economista Max Roser, de la Universidad de Oxford, las condiciones de vida han seguido una tendencia de mejora extraordinariamente significativa. El porcentaje de población que vivía en pobreza extrema en 1820 era del 94,4%, mientras que hoy es del 9,6%; pero también hemos mejorado, y mucho, en aspectos como el analfabetismo, la salud, la educación o las formas de gobierno. Actualmente, la población que vive en democracia alcanza más de la mitad, mientras hace 200 años solo representaba un 0,88%.[15]

Personalmente, me fascina el avance educativo, porque una mejora significativa en ese ámbito, afecta a todos los demás: la salud, la calidad de vida, la lucha con-

---

15. Roser Max (2017). *The short history of global living conditions and why it matters that we know it.* En línea: https://ourworldindata.org/

tra la pobreza y las libertades sociales. Nunca antes en la historia de la humanidad había existido un acceso al conocimiento y la educación a un nivel global, de tanta calidad y con tanta proyección. Los cambios a mejor no solo son posibles, sino que se están instaurando. ¡Tenemos motivos para seguir trabajando!

El Sol y el caso de Irene

La siguiente vez que vino a la consulta, Irene acababa de tener su revelación con la Luna, aquella sensación de «hacer las paces consigo». En esa ocasión, el Sol identificaba su propósito inmediato. También apareció el Sol cuando preguntamos en qué podía centrar su energía. Y por si fuera poco, el Sol la aconsejaba sobre cómo relacionarse con otros; y las cualidades de sí misma que podía potenciar.

En total, creo que el Sol era la respuesta en al menos cinco o seis de sus preguntas clave. Estaba claro que tenía mucho que aprender de esta carta y poner en práctica las actuaciones que sugiere. Así que Irene se llevó, como deberes para casa, el reto de pasar un rato cada día haciendo algo que la hiciera feliz. Cualquier cosa que la hiciera disfrutar como una niña.

Sin embargo, el resto de opciones le parecían complicadas «¿Cómo hago eso de llevar la sonrisa todo el día? Es que no te imaginas cómo es mi trabajo, es un nido de víboras...». Tampoco le parecía muy probable que el Sol fuera su propósito inmediato, no veía la forma de irradiar felicidad a su alrededor, entre otras cosas, porque no se consideraba una persona alegre.

Estaba comprobado que yo no conseguía hacerme entender, así que volví a preguntar: «¿de qué forma podía Irene poner en práctica el Sol?». Respondió la Luna. Eso quería decir que había muchas personas que estaban pasando lo mismo que había pasado ella. Que necesitaban alguien que les echase una mano, igual que lo había necesitado ella. Y que Irene ya tenía herramientas para poder iluminar ese camino tortuoso que ella ya había recorrido. Irene asintió y en ese momento, pude percibir claramente cómo las piezas encajaban en ella.

Irene empezó a asistir a grupos de autoestima y descubrió que no le resultaba nada difícil motivar a otras personas, a través de su experiencia, y de su propia aceptación. «Creo que antes no me había interesado de verdad por otras personas. Ahora me siento muy conectada con los dos grupos en los que participo, me gusta darme cuenta de que se encuentran mejor después de hablar conmigo, de que, cuando me pongo a armar jarana, todo el grupo se relaja, y nos reímos más. Incluso he notado un cambio en el trabajo, es como si las herramientas que estoy aprendiendo pudiera usarlas en cualquier parte. Parece ser que en mi oficina había más personas como yo, disfrazadas de serpiente para sobrevivir».

La Llave Maestra de la Emperatriz

- La Emperatriz es uno de los arquetipos fundamentales de poder. Simboliza la *magna mater*, la tierra madre abundante y fértil. Dentro de sí, por ser el número tres, combina las mejores características del Mago y de la Sacerdotisa. Por eso las cualidades de la Emperatriz son ilimitadas.

- Se relaciona con la capacidad de lograr aquello que se desea, de saber lo que se quiere y de utilizar de forma inteligente los recursos disponibles para conseguirlo. Este arquetipo nos cuestiona sobre las emociones, tanto lo que sentimos por nosotros mismos, como la forma en la que nos relacionamos con los demás. Representa la inteligencia emocional.

- La Emperatriz nos enseña cómo las personas podemos inspirarnos unas a otros, apoyarnos, motivarnos para ser quienes queremos ser. Domina con confianza los recursos de la inteligencia emocional. La energía de este arquetipo es de crecimiento y de expansión, de abundancia, de esperanza y de triunfo.

Imagínate una persona con toda la experiencia, la seguridad y la sabiduría como para saber distinguir el amor de lo que no lo es. Alguien así sería representado por la Suma Sacerdotisa: sabe quién es, conoce sus emociones y es capaz de entender los motivos de los demás porque representa la escucha activa, la observación y la experiencia que aporta haber aprendido de las relaciones.

Ahora imagínate lo contrario. Una persona tan inocente que se lanza a confiar en el amor, lleno de ilusión y de esperanza, poniendo toda su energía para encontrar puntos de conexión y pletórico de asombro y sorpresa ante el descubrimiento de la otra persona. Un Mago explorando a su pareja sin juicio ni expectativa, aceptando como si fuese la primera vez que se abraza al amor. Con la libertad confiada de un niño y el punto de mira puesto en un mundo de opciones por explorar y compartir, sin condiciones ni reservas, y con la creencia de que lo natural es que salga todo bien.

¿Cuál de ambas cualidades preferirías tener ante el amor? ¿Te imaginas poder combinar lo mejor de las dos actitudes? Eso es la Emperatriz.

Como te decía, este es uno de los arquetipos de poder, pero en este caso, relacionado directamente con el poder emocional y con la capacidad de conocer y canalizar sentimientos. Como indica su nombre, este arcano *impera* sobre los afectos, las emociones, y es el que gobierna la construcción de las relaciones sanas y plenas. La figura está sentada en un trono, lo que simboliza la reflexión antes de actuar. Tiene un cetro en la mano, que recoge la energía de las esferas superiores, igual que hacía el Mago, pero de una manera más madura y formada. Ya no es una simple vara, es un cetro de poder en toda su dimensión, con el orbe del mundo y la cruz encima: y este es uno de sus atributos más característicos. Otro elemento propio de la Emperatriz lo vemos en el escudo que sostiene cerca del pecho. Tiene representada el águila que se asocia con la autoridad, y en este caso, simboliza la capacidad de defenderse en el terreno emocional, por la forma en que lo reclina cerca del corazón. La Emperatriz encarna la idea del femenino dinámico, que conjuga elementos opuestos para utilizarlos según su deseo. Puede utilizar tanto las habilidades creativas y comunicativas del Mago como los talentos receptivos e intuitivos de la Suma Sacerdotisa. Representa el pensamiento que se manifiesta mediante la emoción en el mundo material.

Una de las primeras claves que nos da esta carta es la necesidad de desarrollar una inteligencia emocional que nos permita identificar y rechazar relaciones dependientes. La Emperatriz nos advierte de la urgencia de aprender a controlar emociones, en lugar de dejarnos gobernar por ellas. Su poder también nos habla de autosuficiencia e independencia en el terreno emocional, porque su poder no cede a ningún chantaje ni se deja arrastrar por la debilidad. Independiente sí, pero no aislada.

Vamos a matizar ese concepto. Me he dado cuenta de que en los últimos tiempos hay una especie de moda de demonizar la necesidad de afecto. Se mezcla confusamente con la idea de amor incondicional y creo que son etiquetas que están resultando dañinas, porque construyen expectativas poco realistas de lo que *"debe ser el amor"* según parámetros externos.

Es cierto que el amor incondicional es un concepto hermoso, valiente y elevado. Implica un trabajo espiritual muy potente y una absoluta libertad de consciencia. Pero creo que hay una confusión si lo que se entiende por amor incondicional es un desequilibrio en la relación *«No era amor incondicional, en el fondo, yo deseaba que ella me prestase la misma atención que le dedicaba yo»* O *«No me amas incondicionalmente si te enfadas conmigo porque haya tenido una relación esporádica con mi expareja».*No creo que el objetivo primario del amor sea pasar por alto tratos o situaciones dañinas. Y me parece que es bastante probable que, para una persona que está comenzando una relación de pareja, esta expectativa sesgada del amor incondicional sea más un lastre que una ayuda.

Porque, igual que amamos, necesitamos ser amados. Es parte de nuestra programación biológica, y de lo que justamente corresponde en una relación igualitaria. Y creo que pretender ser absolutamente autosuficiente en el plano emocional es una exigencia sádica, muy propia de la tendencia individualista de nuestra sociedad. Necesitamos compartir con otros y estar en comunidad. Por supuesto, no significa plantear las relaciones como un mero trueque *Hago esto por ti, para que luego lo hagas por mí.* Pero defiendo que es perfectamente natural desear que te amen las personas a las que amas. No siempre se puede obtener ese afecto, pero creo que es más sano pasar un duelo y dejarlo atrás que invalidar esa emoción. Para eso hemos integrado la Luna en primer lugar, ya podemos mostrar nuestra vulnerabilidad, nuestra empatía, incluso aquello que nos hace sentir de menos, y abrazarlo. Ya hemos conocido la compasión de observarnos a nosotros mismos y descubrir nuestra fragilidad y su inseguridad. También hemos comprobado con el Sol hasta dónde podemos transformar el mundo que nos rodea, intentando crear un contexto generoso y luminoso donde la otra persona pueda sentirse valorada y querida. Hemos aprendido a seguir avanzando y a construir nuestro camino con valentía. Ahora, la Emperatriz no tiene duda de que merece amor. Aquí, reconocemos nuestra propia valía y poder personal.

Con este arquetipo vamos a integrar que todos los seres humanos estamos en el proceso de conocernos a nosotros mismos y que, en ese camino, todos necesitamos amar y ser amados. La Emperatriz es la carta que se convierte en dueña y señora de sus emociones, así que deja de considerar al otro como un vehículo para llenar sus carencias. De hecho, la Emperatriz nunca siente carencia: está vinculada de forma natural con todos los tipos de la abundancia, porque se reconoce merecedora de amor y de cuidados. Nada más y nada menos.

Y, desde esa sensación de valía, encontramos un concepto importante respecto a cómo amamos a los demás. En este punto de su evolución, la Emperatriz ya no encuentra ninguna razón para rechazar a un ser humano simplemente por serlo. En lugar de ir descartando personas defectuosas, parejas que no son válidas porque no cumplen sus expectativas, la Emperatriz ha empezado a actuar desde la posición más justa y equilibrada. En vez de relacionarse con la otra persona desde el ansia y la necesidad, se relaciona desde la confianza y la generosidad. No necesita que nadie se encargue de su felicidad, porque ha decidido que eso forma parte de su tarea, y que puede hacerlo tremendamente bien.

La escritora y especialista en inteligencia emocional Elsa Punset lo describe con expresividad *«Hay dos formas básicas de mirar a los demás: desde la dependencia o desde la libertad. Como fuentes de seguridad o como fuentes de aprendizaje. Para lograr experimentar el amor como un aprendizaje hay que lograr primero soltar el pesado lastre que supone agarrarse a la esperanza de que otra persona al fin podrá salvarnos, podrá comprendernos completamente. Este paso -renunciar a que los demás nos resuelvan la vida- es difícil, incluso desgarrador, porque supone pasar una época desvalida en la que todavía no somos capaces de creer que todo lo que necesitamos está en nosotros mismos».*[16]

Precisamente esa es la cuestión relevante, ya que la Emperatriz ha descubierto que es un canal de abundancia. Su autosuficiencia se descubre en que tiene el poder de manifestar todo lo que necesita. Este arquetipo nos impulsa a cuestionar los parámetros con los que buscamos amor, a revisar si estamos buscando a una única persona perfecta que nos pueda aportar todo lo que necesitamos. Es lo que ocurre con frecuencia en nuestro modelo social, en lugar de una relación de amor en la que dos personas se ayuden mutuamente a crecer, se crea una relación en la que dos personas intercambian necesidades y carencias con la condición de que la otra persona las cubra.

Pero esto es improbable, porque la otra persona es un ser completo en sí, con sus crisis, sus inseguridades, sus proyectos. Pronto la imagen de ser perfecto que habíamos colocado sobre la pareja durante la primera época de enamoramiento se vendrá abajo y entonces llegará la decepción. Sobreviene la amargura, el reproche, el hartazgo. Se instala la queja entre los dos, pronunciada o entredicha *«La vida a tu lado es aburrida y monótona»*. *«No me prestas suficiente atención»*. Cada reproche se puede revertir en una consciencia de responsabilidad de la persona que lo pronuncia. A quien la vida le parece aburrida tendrá la expectativa de que su pareja tenga iniciativas sorprendentes, pero es muy probable que no invierta tiempo real en convertir su vida en algo divertido y variado. Quien le reprocha a su pareja que no le presta suficiente atención tal vez no se esté pres-

---

16. Elsa Punset (2009). *Inocencia radical.* Madrid. Aguilar.

tando suficiente atención a sí mismo. Cuando amamos, respetamos la esencia de la otra persona. Esto también implica entender que hay formas de ser que son diferentes. Hay personas que para expresarse casi no necesitan hablar, mientras otras necesitan contar quince ejemplos sobre sus emociones.

El imprescindible conocimiento que ofrece la Emperatriz es aprender a distinguir entre lo que es una carencia personal que imponga a otro y entre la desatención que significa que la relación no está equilibrada.

Si actúas desde el sincero conocimiento de tu valía, de que vales la pena y de que te mereces lo mejor, jamás vas a elegir a alguien como tu prioridad cuando tú no eres más que una opción para la otra persona. La Emperatriz tampoco vivirá una relación en la cual la otra persona no aporte la misma generosidad y aceptación que ella ofrece. Solo consiente amor, ni sucedáneos ni medias tintas. Que alguien te quiera no significa que tenga derecho a juzgarte ni a dañarte de ninguna forma. Este es un arquetipo con una gran inteligencia emocional, por lo que tiene la sabiduría clave para reconocer los comportamientos manipuladores de las relaciones dañinas. Esta sabiduría la ha heredado de la Suma Sacerdotisa, con la que comparte la intuición. Así es capaz de percibir dónde comienzan los desprecios mínimos y responde inmediatamente.

Detecta los pequeños maltratos, las palabras hirientes y los actos ligeramente dañinos, que se excusan tal vez con un mal día en el trabajo o una época de estrés. Esta carta es de aceptación, pero hay que precisar y tener cuidado para que el amor no se convierta en tolerancia infinita, en que uno pierde su propio poder, arrebatado, diluido o manipulado por el otro. El amor de verdad no daña, no somete, no limita, no menoscaba la autoestima, no ridiculiza, no desprecia, no ignora. Si lo hace, sencillamente no es amor.

También aquí se incluyen las negociaciones positivas que indica este arcano. Repiten un concepto que ya aprendimos con el Ermitaño, y que reaparece aquí. En las relaciones y en las emociones, no puedes ir a ningún ritmo que no sea el tuyo. Si alguien te mete prisa para ir a un ritmo que no es el tuyo, el amor no nace. Si alguien te obliga a ir más deprisa o más despacio en el amor, el amor no se genera.

Estas son las claves de amar: me amo a mí mismo, me permito ser como soy y celebro que seas tal como eres. Dentro de ese código, no caben manipulaciones, chantaje ni amargura.

La otra gran capacidad que nos muestra La Emperatriz es el equilibrio de energías, entre la empatía y la valentía, la aceptación y la superación. Es el arcano capaz de crecer y transformarse mediante el amor. La Emperatriz se acepta plenamente y acepta a los demás. Pero desde ese reconocimiento, tiene una gran capacidad para inspirar a los demás a mejorar. Y para mejorar ella misma. Tiene tanto amor como para aceptar todas las cualidades, pero conecta con el potencial que puede desarrollar la otra persona e intenta ayudar con todo su corazón a que mejore, a que persiga sus ideales, a que alcance la plenitud. Este arcano nos ayuda a centrarnos en la forma en la que podemos confiar en los demás y ayudarlos a creer en sí mismos y en su potencial. La Emperatriz conecta de una forma emocional más que racional. Por eso su mensaje es muy eficaz y propulsa el cambio. La interesante escritora y activista Maya Angelou lo expresó certeramente: *«La gente olvidará lo que dijiste, la gente olvidará lo que hiciste. Pero la gente nunca olvidará cómo les hiciste sentir».*

Cuando estás avanzando hacia tu plenitud y te sientes equilibrado, va a serte más fácil sentirte bien con la otra persona y entenderla. Por el contrario, si no te permites ser como eres, cuando veas a otra persona siéndolo, te va a molestar y lo vas a juzgar negativo, en lugar de respetar su acción. Y cuando decides comportarte de forma que ilumines a los demás, mediante lo que dices o lo que haces, te va a ser más sencillo construir un territorio propicio al afecto. Así surge de forma natural la dignidad. La Emperatriz es tremendamente válida, pero también hace sentir válidos a los demás. Es amada y ama. La Emperatriz se expresa así: *«Soy digna de ser amada, merezco ser valiosa para mi clan. Y las personas que me rodean son dignas de ser amadas y son valiosas para mí.*

Mi respeto, valoración y amor hacia mí misma no depende de juicios, ni propios ni de los demás, sino de la aceptación. Me amo porque soy. Energía de amor y aceptación pura, sin condiciones ni condicionantes.

No necesito ser perfecta. Soy insegura y me quiero. Soy imperfecta y me quiero. Amo mi humanidad, amo mis errores. Amo todo lo que soy, la luz y la sombra. Y, sobre todo, amo mi sombra, porque nadie la ha amado nunca hasta ahora.

Y de igual forma, amo a los que me rodean. Todos somos dignos de ser amados tal y como somos. Somos merecedores de amor por una única razón: somos seres vivos. Somos la celebración de la vida, somos la encarnación de la vida, formamos parte de la energía vital que nos conecta con todos los seres vivos del planeta.»

Cuando amamos, aceptamos a la otra persona como es y somos capaces de vislumbrar aquello que puede llegar a ser si dispone de las herramientas para alcanzar su plenitud. El amor nos aporta, nos sostiene, nos motiva, nos hace saber que somos suficientes, pero que, precisamente por ello, podemos seguir creciendo y mejorando hacia donde deseemos. Nos alejamos del pensamiento *«¿Qué me da esta persona para que yo sea feliz?»*. Y empezamos a cuestionarnos de qué forma podemos compartir camino en plenitud.

Amar representa tener expectativas sanas y ajustadas a la realidad. Es crear el escenario donde se pueda compartir la experiencia de estar vivos con cariño, con generosidad, donde se pueda crecer sin miedo. Donde se pueda confiar. Es también amar el camino de los otros, su felicidad, su desarrollo, su origen y su propósito. Es comprender que cada compañero o compañera es una persona completa y que la relación es algo vivo, que evoluciona, crece y se reajusta continuamente. Pero, como te decía al principio, este arquetipo implica el conocimiento de todas las relaciones humanas, de las conexiones de afecto. Tendemos a pensar que no es así, pero tal como nos comportamos en una esfera, solemos comportarnos en todas. ¿Y si el amor no es solamente el amor romántico? ¿Y si es verdad que hemos aprendido a juntarnos de dos en dos para odiar de mil en mil? ¿Y si la persona que es capaz de generar situaciones emocionales plenas es capaz de hacerlo en todas las esferas y niveles? Amar no es algo que deba estar restringido a un único ser para el resto de tu vida. Hay infinitas formas de encontrar amor y de expresarlo y cada una de ellas alimenta más al resto. El amor que sientes por tu pareja, por tus amigos, por tus compañeros, por tu familia, por tu mascota, pero también el afecto efímero por alguien con quien conversas un par de veces o con quien coincides en un viaje, el amor por un arte o por una afición. Tenemos infinidad de formas de expresar nuestra conexión, en vez de intentar limitarla a una única persona perfecta, podemos expandirlas y hacer que nuestra vida se llene de sentido. Cuanto más amado, más confiado y más pleno te sientas, caminarás por el mundo con más amor, y de forma más consciente y generosa.

La Emperatriz y el caso de Irene»

«Es la primera vez en mi vida que digo que no tengo novio oficial, pero que me siento plena, y es absolutamente verdad. Antes lo decía con la boca chica, creía que decirlo, sería como pasar una prueba del Universo y haría que apareciera antes una pareja». La carta de la Emperatriz dominaba su tirada e Irene la miraba sin sorpresa.

«Durante mucho tiempo, deseé que saliera esa carta, por lo que me contabas sobre ella. Ahora, simplemente sé que me parezco más a ella y es más fácil de lo que pensaba. Lo cierto es que ahora tengo muchas personas en mi vida, personas que son como yo, con las que me río, aprendo, comparto y puedo ser yo misma. Nunca me había sentido formar parte de un grupo de esta manera».

Y, al cabo del rato, Irene añadió: «Bueno, y que me gusta muchísimo alguien del grupo. Llevamos saliendo unos tres meses y me encanta: le llamo cada vez que me apetece escucharle, y él hace lo mismo. No tengo que estar calculando si mi respuesta parecerá ansiosa o distante. Ni siquiera pensé mucho lo que me pondría la primera cita: ya me ha visto cien veces en el grupo, maquillada, sin maquillar, en chándal por la sierra... Nos lo pasamos genial juntos. Por cierto, no me gusta nada su forma de vestir y no tiene carnet de conducir. Y ahora mismo no comprendo por qué me importaba antes. Lo que sí puedo decirte es que me trata así, como a una reina». Dijo Irene señalando la corona de la Emperatriz. «No sé qué pasará mañana, ni más adelante, pero, ahora, sinceramente, no me preocupa».

Lectura del Amor Propio

A veces no somos conscientes de que hay un tipo de amor ilimitado que podemos cultivar desde nosotros, y que si dedicamos atención y energía a aceptarnos y tratarnos con amabilidad, no solo nos sentiremos más amados, sino que nos resultará más sencillo aceptar a otros y ser amables con su camino. Estás a un paso de plantar una semilla hermosísima que florece toda la vida.

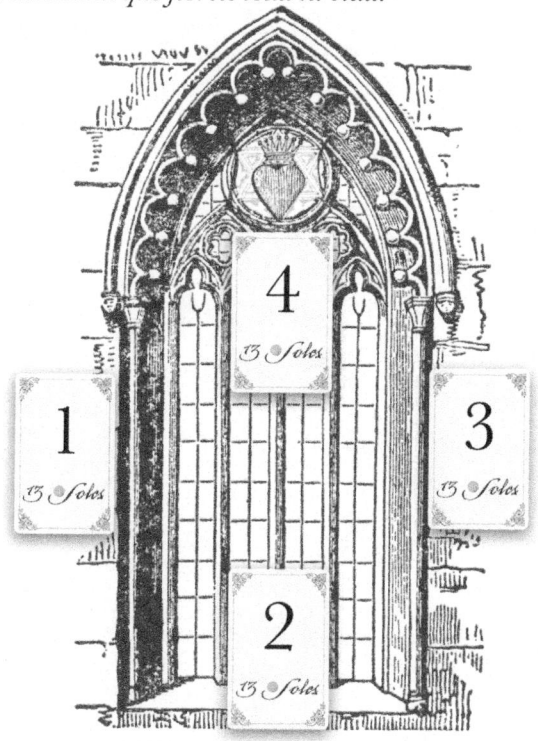

1. *Ayúdame a recordar¿Porqué merezco amor?*

2. *¿Qué aspectos rechazo de mi misma/o y necesitan ser reconocidos y abrazados?*

3. *¿Qué puedo potenciar en mí para tratarme con amabilidad? ¿Qué arquetipo me guía para aceptarme mejor?*

4. *¿Qué cualidades y talentos me ayudan a ponerme en valor?*

6. LA PUERTA DE LOS DONES

Cómo descubrir tu talento.

Cuando somos niños, nos lanzamos de forma instintiva a descubrir nuestros límites y nuestras habilidades. Probamos una y otra vez, ensimismados por completo en la construcción de castillos de cubos, en el dibujo de la familia, o en la observación atenta de un hormiguero. La imaginación infantil nos lleva a explorar nuestros límites y a conectar con los diferentes retos que surgen en nuestro camino. ¿Cuándo desaparece esa imaginación? Es precisamente ella la que nos permite explorar vías de desarrollo que aún no existen, pero que podrían llegar a materializarse.

Al hacernos adultos, con frecuencia, perdemos el contacto con esa imaginación y con la capacidad instintiva de explorar nuestros talentos. En gran parte, creo que esto es debido a nuestro modelo social y, particularmente, a nuestro sistema educativo.

Dentro de cada uno de nosotros, hay habilidades únicas, que pueden expresarse de infinidad de maneras. Solo necesitan tener la oportunidad de entrar en contacto con la actividad que desarrolla ese talento y tiempo para explorarlo en profundidad. Si tienes una habilidad especial para la música, pero nunca has tenido un instrumento en tus manos, es prácticamente imposible que te des cuenta que la tienes. Así que exponte a ti mismo a diferentes actividades, ponte en contacto con diversos recursos. Es preciso darle alas a esa singularidad y permitir que florezca.

Me temo que nuestro sistema educativo se basa precisamente en lo contrario: unificar a todos los niños y niñas bajo un mismo criterio. Se exige un mismo tipo de inteligencia, y en lugar de investigar lo que cada persona tiene de original y único, se obliga a los niños y niñas a adaptar sus cualidades a los requisitos escolares. Nuestra cultura valora e impone cierto tipo de habilidades que considera productivas, y el resto, suele ignorarlas o rechazarlas. Sin embargo, el ser humano tiene una vastísima capacidad de crear y de desarrollar talentos diferentes que le conducen a la plenitud.

Es como si únicamente se valorase y reconociese, por ejemplo, una forma concreta de desplazarse en el reino animal: *«lo mejor es andar sobre nuestras dos piernas. Eso es productivo e inteligente, y vamos a basar todos nuestros esfuerzos en conseguir que todas las criaturas aprendan a caminar sobre sus dos piernas.»*

Y acto seguido, se obvia que hay más formas de moverse, que en el reino animal hay muchas naturalezas diferentes. Se puede reptar, se puede correr a toda velocidad a cuatro patas, como los guepardos, se puede nadar, se puede volar.

Imagínate que se obligase a las águilas a caminar a saltitos, en lugar de usar sus alas, la frustración de su lentitud y sus alas atrofiadas.

Por no hablar de los peces, incapaces de adaptarse a un sistema que veta e ignora su habilidad de nadar contra corriente. Pues igual que esta metáfora nos pasa hoy en día: en lugar de buscar en qué destacamos, nos vemos obligados a adaptarnos a sistemas que en muchas ocasiones van en contra de nuestra naturaleza. Hay demasiadas personas que creen que no son buenas en nada.

Nos encontramos en la sexta *Puerta*, y ya llevamos un equipaje bien aprendido. Ahora nos enfrentamos a un conocimiento imprescindible en nuestro camino hacia la plenitud. Si este acertijo no se resuelve, la sensación será de vacío. Pero quien lo resuelve, sabrá construir un propósito específico.

Una de las carencias más acuciantes del ser humano es la falta de sentido. Por muy bien que hayas resuelto los dilemas de las *puertas* anteriores, si no le encuentras propósito a tu vida, si no desarrollas tu potencial, la sensación es descorazonadora: hay un vacío vital, porque no le ves un por qué ni un para qué a tu existencia. Es urgente encontrar la respuesta a la gran pregunta ¿Para qué estás aquí? Si la respuesta que hay en nuestra alma es *no hay motivo para estar aquí, no estoy aquí para nada en particular,* la sensación de frustración vital, de sin sentido, se puede llegar a adueñar de todas las facetas de nuestra psique. Sentir que nuestra existencia es inútil o que nuestra vida no aporta nada es el vacío más abismal de cuantos nos enfrentamos. Por el contrario, si dentro de tu alma encuentras la razón que da sentido a tu vida, tus días se llenarán de una plenitud sencilla. Tener un propósito profundamente conectado con tu esencia y que lo conviertas en la brújula de tu vida es clave para tu realización plena. Todo camino necesita tener una meta.

Encuentra y desarrolla tu don, porque eso supone permitirte conocer cuál es tu forma única de avanzar, en qué eres realmente bueno y qué te apasiona tanto como para que las horas pasen sin darte cuenta cuando usas tu talento.

«¡Quiero enamorarme de mi trabajo!» Mi caso

Antes de terminar la educación secundaria, el departamento de orientación de mi instituto, nos pasó un test de 50 preguntas para ayudarnos a elegir nuestra futura profesión. Los resultados venían coloreados en función de afinidad con la lista de carreras universitarias. Había obtenido un resplandeciente azul en químicas y biológicas, debido a las notas, porque ese año, mi profesora nos había enseñado a distinguir minerales y me había entusiasmado. Recuerdo, sin embargo, seguir buscando por aquel listado. Todas las carreras de filosofía y letras estaban marcadas con un rojo prohibitivo, al final de la lista. He de decir que se me daba verdaderamente mal el análisis morfológico y que mis exámenes de lengua aquel año habían sido desastrosos, lo que supongo que me invalidaba para cualquiera de aquellas profesiones. Al fin la encontré, allí, al final del todo, en la otra punta del planeta estaba escrito Historia del Arte. Una carrera de la que la opinión general era «que no tenía salida», pero que a mí me apasionaba.

¿Qué debía hacer? La Suma Sacerdotisa fue mi primera guía: solo tenía que seguir mi intuición. Y mi intuición sabía que, si comenzaba una carrera que no me interesaba, por muy útil que fuera, ni siquiera iba a terminarla.

Así fue como me convertí en historiadora del arte. Me daba igual si era sensato o no, pero estaba enamorada del arte y del simbolismo. Me hice a la idea de que mi carrera era un capricho que me consentía, pero que, en realidad, tarde o temprano, tendría que amoldarme a cualquier trabajo insustancial. Y eso es lo que fui haciendo después, saltando de un trabajo a otro, mejorando las posibilidades económicas y de proyección, pero siempre con una espina clavada. Necesitaba hacer una labor que tuviera sentido para mí, y no era una necesidad ligera en mi vida. Estaba hambrienta espiritualmente.

La Llave de la Suma Sacerdotisa

- La Suma Sacerdotisa o Papisa es un arcano de reflexión. Es la carta que simboliza el conocimiento y la sabiduría, y también la intuición y la capacidad de escuchar lo que no se dice, de saber ver lo que está oculto. Por eso se dice que la Sacerdotisa es la carta más intuitiva del tarot, y la mejor consejera.

- Simboliza la espera, la paciencia, la humildad y la tranquilidad. Este arquetipo te invita a reflexionar sobre cómo escuchas a los demás y tu capacidad para entender profundamente el mundo que te rodea. También representa la capacidad de aprender de forma autodidacta.

- Se relaciona con lo estable, lo sereno, la aceptación y la escucha. Una de sus grandes enseñanzas es la toma de consciencia, la serenidad y la observación del mundo que trae las respuestas desde el interior. Simboliza la reflexión precisa para que no sean las expectativas externas las que nos controlen.

Este arcano trata los conceptos de sabiduría, sencillez, serenidad y observación. Cada uno de sus elementos nos habla de distintas facetas del conocimiento intuitivo. Vemos que sobre su regazo tiene un libro, símbolo de la sabiduría donde está escrito el pasado, el presente y el porvenir. Un dato curioso es que en el renacimiento solían representarse de una forma muy similar a las sibilas, que eran la contrapartida femenina de los profetas. Solían ser representadas en posición sedente, con un libro o papiro en las manos y con velo o tiara sobre la cabeza.

Las sibilas (o *pitias*, en la antigua Grecia) eran personajes que se identificaban con la sabiduría. Eran mujeres misteriosas, que normalmente vivían aisladas o en templos, y que tenían la función de aconsejar a los que acudían hasta ellas. Se consideraba que tenían la facultad de trasmitir la voluntad divina, desentrañar el futuro, y se las asociaba con Apolo, el dios del sol y la profecía, entre muchas otras características. Después, ya bajo el nombre de sibilas, continuarían este legado mítico en la religión cristiana, con características muy similares de profecía y contacto con lo divino.

La postura de la Suma Sacerdotisa, sentada, relajada y observando atenta lo que sucede a su alrededor, simboliza la serenidad, la apertura a los sentidos y la necesidad de quietud para que el conocimiento intuitivo llegue a nosotros. Quien observa el mundo comprenderá cómo es. Si somos capaces de conectar con sus enseñanzas, vamos a poder entender nuestros talentos en toda su amplitud, sin límites, sin cortapisas sociales. Esta es una *llave* magnífica que nos conduce al conocimiento profundo de uno mismo. Su capacidad de escucha será una herramienta muy interesante para este proceso de auto-descubrimiento. *«Me escucho, conecto con mi inconsciente, reflexiono. ¿Cuál es mi talento? ¿Qué camino quiero recorrer? ¿A dónde quiero llegar?»*

También vemos reflejada su sencillez en el vestido y sobre todo en el velo blanco que oculta su melena: simboliza la humildad. El cabello suele ser considerado un símbolo de libertad individual. Al estar oculto aquí, nos dice que la Suma Sacerdotisa no está interesada en que reconozcan ni aplaudan su gran sabiduría. No se deja llevar por el ego ni necesita impresionar a nadie. No tiene expectativas más grandes que ella misma, pero tampoco se menosprecia, precisamente porque conoce su justa medida y sabe quién es.

Este es un arcano de auto-respeto y amor propio. La tiara papal, por cierto, encarna esa conexión con la deidad de la que hablábamos antes. Hay un dato muy interesante y esclarecedor en esta lámina: la punta de la tiara sobresale del marco de la carta. Este detalle nos revela simbólicamente que la Suma Sacerdotisa se sale del marco convencional y es capaz de percibir lo superior, aquello que está oculto para otros arquetipos. Solo hay otra carta en el tarot que también sobresalga del marco, conectando con algo superior. Quédate con este detalle, volveremos a verlo más adelante.

Descubrir y desarrollar el don personal o los propios talentos es uno de los procesos más gratificantes y liberadores de la vida. Un problema común que he podido observar es la mistificación de este proceso. Frecuentemente se tiene la creencia de que hay personas que tienen suerte y nacen con vocación, mientras que otros parece ser que se debieron quedar atrás en la fila donde se repartía el propósito de vida y que se quedaron sin nada.

Es como si diéramos por cierto que tener un talento único y significativo es algo que les ocurre a muy pocas personas. Obviamente, darle espacio a esta creencia supone una limitación radical, porque es mucho más difícil poner energía en nuestro desarrollo si ya está invalidado desde el origen. Todos tenemos un talento natural que está esperando a ser desarrollado, por encima de todos los prejuicios con los que etiquetamos nuestros dones. Todos y cada uno de nosotros tenemos un don que nos hace únicos y con el que podemos crear una vida plena, llena de significado.

La otra parte de esta mistificación supone que el descubrimiento del don será una epifanía: una revelación caída del cielo en la que todo quedará claro al cien por cien y tendremos el éxito y el reconocimiento mundial asegurado. Entonces, se crea una expectativa irreal de que te invada la revelación hasta que no quede un átomo de duda y veas de forma transcendente y meridiana todo el objetivo de tu vida. Es verdad que esto puede ocurrir, pero este tipo de vocación clarísima lo tiene un porcentaje relativamente pequeño de personas, y no es mejor ni más poderosa que la construcción consciente del talento.

De nuevo, la clave está en hacernos responsables del proceso, y tal vez no buscar la epifanía mística que resuelva y zanje el tema, sino buscar la orientación que te haga conectar con tus talentos. Tu propósito, como todo lo demás, depende de tu esfuerzo activo por desvelarlo.

Es interesante descubrir que la mayoría de las personas que hablan de sus talentos como una revelación, ya llevaban mucho tiempo exponiéndose a las actividades que desarrollan esos dones. Por ejemplo, ilustradores que dibujaban en los márgenes de los cuadernos en el colegio. Biólogos que cuidaban pequeños animales cuando eran niños o profesores que enseñaban a leer a sus hermanos pequeños.

La revelación se produce cuando toman consciencia que de verdad pueden dedicarse a aquello que desean con toda su alma. A veces, simplemente es darse cuenta que en verdad *lo desean con toda su alma*. Esto quiere decir que es preciso que hagas un esfuerzo consciente por conocerte, por entender en qué eres bueno, por conocer qué es lo que te motiva, en qué actividad puedes estar sumergido de tal forma que no percibes el paso del tiempo, o al menos, que no se te hace pesado y tedioso.

Tenemos una predisposición que me resulta muy curiosa y es que desconfiamos de nuestra propia sabiduría. Buscamos respuestas fuera, grandes verdades en otras personas, pero lo cierto es que, cuando tenemos un atisbo de revelación, es interno y, casi siempre, muy simple. A veces damos mil vueltas para entender una verdad que teníamos a un paso, aunque ese peregrinaje sea necesario para prepararnos, para poder asimilar esa sencilla verdad. Es básico escucharse a uno mismo. La respuesta no estará en lo externo. De otras personas pueden venir la inspiración, el conocimiento puntual que te remueve para que obtengas tu propia respuesta. Pero el conocimiento solo puede ser vivencial, personal. Tanto el conocimiento, como el símbolo, como el sueño, nunca se aprenden definitivamente. Nunca se terminan de explorar, de aprender y de integrar.

Otro concepto importante que nos propone este arquetipo es la necesidad de contrastar el conocimiento que nos aporta la vida social con el intuitivo personal. Y esto es urgente, porque aunque nos puedan aconsejar de forma cariñosa y sensata, cada persona es única, con un camino diferente y unas cualidad propias.

Siguiendo el ejemplo de antes sobre la movilidad, un bípedo sólo podría aconsejarte sobre cómo poner un pie delante del otro. Es absolutamente cierto que, en su experiencia y con sus cualidades, esta es la forma más eficaz de avanzar. Pero tal vez probar este método no tenga mucho sentido si tú eres un trepador inquieto capaz de balancearte y avanzar el doble en la mitad de tiempo.

La Suma Sacerdotisa es la que nos hace reflexionar y respetar nuestra esencia. Para eso es importante poner en jaque las creencias sociales sobre la inteligencia y la manifestación de los talentos naturales. Me temo que hay muchas personas que no se consideran a sí mismas inteligentes, tal vez porque no sacaban buenas notas en el colegio o porque no tenían habilidades específicamente matemáticas o lingüísticas. El caso es que, como decíamos antes, nuestro modelo educativo es limitado y solo tiene en cuenta un rango muy estrecho de habilidades cognitivas, pero nuestro don puede manifestarse de formas variadísimas, y sospecho que su número iguala al de seres vivos del planeta.

El profesor de Psicología de la Universidad de Harvard Howard Gardner sostiene la interesante teoría de las inteligencias múltiples, que abre el concepto de cómo expresamos nuestra inteligencia innata. Según su teoría, se pueden manifestar ocho tipos de inteligencias diferentes, basados en el campo de interés y el área del cerebro que se activa cuando desarrollamos esas tareas. Son la inteligencia lingüística, la lógico-matemática, la inteligencia visual o espacial, la musical, la corporal cinestésica, la naturalista, la interpersonal y la intrapersonal.[17]

---

17. Howard Gardner (1983). *Frames of mind. The theory of multiple intelligences.* Nueva York, Basic Books.

Como ves, hay infinitas formas de expresar tu talento, no te limites a ti mismo. Puede ser la natación, puede ser la capacidad de distinguir el canto de los pájaros, la resolución de problemas, jugar al billar, las matemáticas, la música, o la forma en la que conectas a los demás. Busca aquello que te apasiona, sin restringirlo a lo que se supone que es un oficio. A veces el gran obstáculo para reconocer nuestros talentos es creer que sólo son talentos si nos hacen obtener una ganancia económica o si somos los mejores en ello. Pero esas necesidades, nacen de la sociedad, no del alma. Nuestro mundo es un campo ilimitado de oportunidades para aquellos que desarrollan su don.

Lo primero que nos dice este arcano es que conectes con aquello que realmente eres bueno haciendo. Siéntate y escúchate a ti mismo. Tienes unas determinadas cualidades de nacimiento y eres tú el que decide si quieres desarrollar esos dones o dejarlos dormir y dedicarte a otras cosas. ¿Adónde podrías llegar si desarrollas tu potencial? ¿Conoces tu don?

En realidad, aunque te parezca extraño, todos sabemos cuál es nuestro talento natural. Hay cosas que te saldrán con mucha facilidad, pero el don no solo tiene que ver con lo que se te da bien, sino con aquello que te apasiona. De hecho, gran parte de la disciplina que se impone para dominar determinadas artes o técnicas tiene más que ver con la pasión de no querer hacer más que eso una y otra vez. A lo mejor, te hace falta esfuerzo para desarrollar tu don, porque estás algo más lejos de la habilidad necesaria, pero la clave es que es algo que amas con pasión, en lo que quieres invertir tu tiempo, porque se te hace corto cuando estás enfrascado en esa tarea.

Pregúntate, recuerda. Retrocede a tu infancia. Tal vez allí encuentres algo que hacías con verdadera pasión, en lo que podías invertir horas y horas. Recuerda sobre qué temas te encantaba hablar o sobre qué asunto buscabas información. Escucha también a la persona que eres ahora, cuáles son tus inclinaciones naturales, qué te llama la atención, cuáles son tus aficiones, en qué inviertes tu dinero. Todas estas preguntas te dan pistas para que conectes con tu talento.

Hazte esta pregunta mágica: si tuvieras todas tus necesidades económicas resueltas, las tuyas y las de tus seres queridos ¿Qué estarías haciendo? ¿A qué dedicarías el tiempo del resto de tu vida?

Tu sabiduría interna sabe perfectamente cuál es tu don y para qué estás aquí. Lo ha sabido siempre. Conecta con tu intuición, o habla con esa persona sabia que te ayude a conectar contigo mismo.

La Suma Sacerdotisa y el caso de Diana

Aquella fue la época de mi vida que más veces vi aparecer la carta de la Suma Sacerdotisa. Cada vez que jugaba con la baraja, se caía, aparecía la primera, se quedaba en el corte y salía como consejo continuamente.

Así que me dediqué a meditar con ella para intentar entender cuál era mi camino. En mis meditaciones, se abrieron puertas en forma de recuerdos luminosos. Recordé la felicidad que sentía cuando mi madre me traía un librito, cosa que hacía con frecuencia, desde que tenía 5 o 6 años. Siempre me han fascinado las palabras, y el conocimiento que se esconde tras ellas. Durante toda la vida, uno de los regalos que más he recibido son libros.

Recordé otro regalo maravilloso, que también me dio ella al cumplir los 15 años. Era una baraja de tarot Rider-Waite. «Así puedes practicar de verdad, y jubilar la tuya» me dijo. Hasta entonces, yo había estado jugando con una baraja que había hecho yo misma sobre cartulina, con los diseños de Oswald Wirth.

Y también recordé lo bien que me sentía cuando algún compañero de clase no entendía algo y me pedía que se lo repitiera o cuando intentaba explicar los maravillosos conceptos que había encontrado en mis libros de filosofía o de mitos. Esto era algo que me había ocurrido siempre.

Lo que me apasionaba estaba allí, delante de mí, pero aún tendría que avanzar por la Puerta de los Dones *para entender cómo se conectaba y cómo iba a desarrollar mi don.»*

La Llave del Sumo Sacerdote

- Este es el arquetipo de la transmisión del conocimiento, en cualquiera de sus formas. Representa lo que necesitas aprender y estudiar, pero también aquello que ya sabes y que eres capaz de transmitir a otros que aún lo desconocen.

- Se relaciona con la curiosidad, la inteligencia y las ganas tanto de aprender como de compartir lo que se sabe. También alude a la buena capacidad de expresión, mediante el habla, la escritura o cualquier otro medio. Es un arcano de reconocimiento de la propia valía, por uno mismo y por los demás.

- El Sumo Sacerdote simboliza al maestro y al guía espiritual, en su expresión más positiva, cuando la experiencia y el consejo de uno, puede ayudar a los demás a desarrollarse y evolucionar. Por tanto, se relaciona con la labor de profesores, consejeros, mediadores y expertos.

El Sumo Sacerdote representa la transmisión del conocimiento, y cómo podemos influirnos positivamente unos a otros, enseñándonos lo que hemos aprendido previamente. A nivel global, la transmisión del conocimiento es la que permite que nuestro avance cultural haya llegado hasta esta altura. La asombrosa capacidad del ser humano para expresar y compartir el conocimiento adquirido, se traduce en avances que repercuten en toda la sociedad. Es posible que nunca hayas investigado cómo se desarrollan las bacterias, pero tienes el conocimiento, por ejemplo, de que un buen número de ellas mueren si las sometes a altas temperaturas.

Este arquetipo va a desplazar el foco del aprendizaje. Mientras que la Suma Sacerdotisa utiliza la observación y el pensamiento intuitivo; el Sumo Sacerdote se dirige hacia la aportación que nos proporcionan los demás. Simboliza el aprendizaje oficial, la investigación y la práctica hasta obtener resultados.

El primer paso de este arquetipo supone explorar el don que has señalado con la Suma Sacerdotisa. Ahora que sabes en cuál de tus pasiones te apetece profundizar, llega el momento de aprender la actividad que lo desarrolla. Aquí es cuando comenzamos a buscar modelos que nos inspiran, cuando observas a las personas que han logrado dominar el mismo talento que te mueve a ti. Identifica a tus maestros naturales, las personas que te hacen pensar: *«eso es lo que quiero llegar a hacer. Tal vez no me sea fácil ahora, pero sí que puedo conseguirlo.»* Es algo que te toca dentro, que te conmueve.

Con el Sumo Sacerdote empiezas a investigar, a buscar información, a empaparte del tema, tal vez a leer sobre ello, a escuchar conferencias, a ensayar tu talento, copiando a los modelos que te inspiran. Has descubierto tu don, pero nada asegura que sea un camino fácil. Mientras que hay personas que lo viven desde el principio como algo fluido y sencillo, otras lo experimentan con estados transitorios de inspiración y bloqueo.

Atención porque, el hecho de que sea uno de tus dones, no significa que te vaya a ser sencillo siempre. Por eso el concepto del Sumo Sacerdote se encarga de recordarte que tienes que adquirir el máximo de herramientas necesarias que faciliten tu avance.

En la mayoría de las ocasiones, el don conlleva un reto. No solo es algo que se te da bien. Es algo en lo que estás dispuesto a sumergirte. Cuando una persona está conectada con su talento, a menudo su mente se estructura en torno a ese don. Los fotógrafos miran la realidad desde perspectivas, encuadres y enfoque. Los músicos captan primero los sonidos y son capaces de identificar su timbre o su octava. Los negociantes ven oportunidades de venta en cada conversación. Los escritores, piensan en palabras, como si un narrador fuera contando lo que sucede. Tal vez no continuamente, pero, cuando amas lo que haces, no quieres desconectar de ello, ni lo expulsas de tu pensamiento, porque te mueve el disfrute. Es el momento de investigar incansablemente, de aprender mediante el ensayo y el error.

Otro matiz interesante que observamos en esta lámina, es el hecho de que hay tres personajes. El principal, de más tamaño, representa al Sumo Sacerdote, el que imparte el conocimiento; mientras que los dos personajes pequeños son sus discípulos, los aprendices. Este detalle nos da la clave para centrarnos en la comunicación con otros y el aprendizaje. También hay otro detalle en este arcano que resulta llamativo: la mano que sustenta el cetro está enguantada. Las manos normalmente simbolizan las acciones, aquello que hacemos. El guante es un objeto que representa algo que no es propiamente tuyo, como la mano, sino superpuesto y, por tanto, susceptible de ser prestado o utilizado por otros. Ese guante representa que el conocimiento no es propiedad del maestro: él lo heredó de sus maestros, y sus discípulos lo heredarán de él. Y este es uno de los mensajes más hermosos de este arquetipo: todo conocimiento ha de compartirse. No lo escondas, no lo guardes, no seas tacaño en su expresión. Cuanto más conocimiento se comparte, más sabio es el mundo.

Este arquetipo nos vuelve a plantear la conveniencia de ser humildes, porque en primer lugar es preciso aceptar que necesitas un guía o maestro, personas que puedan orientarte y enseñarte a desarrollar tu don. Alguien que sepa cómo hacer aquello que te mueve y que lo comparta contigo. Aprender de los que ya han conseguido ser lo que tú quieres llegar a ser. Así que es necesario domar el ego y la inseguridad que pueda causar el hecho de confesar: «*no sé ¿me enseñas?*» Puedes progresar mucho más deprisa en el dominio de tu talento si te permites incorporar los avances de otros con los que compartes pasión. Así que asegúrate de escuchar a buenos maestros.

La posición del maestro y el aprendiz está en movimiento constante. El conocimiento no tiene dueño (¡aunque sí derechos de autor, a veces!). Imagínate una persona aprendiendo a leer. Ya sabe reconocer las vocales a la perfección y, aunque todavía no sepa leer, ya es capaz de enseñar las vocales a quien no las sabe. El objetivo del conocimiento es expandirse, siempre que aprendes algo, puedes compartirlo con los demás. Así que el Sumo Sacerdote comprende estos pasos: «*Aprendo de los demás, me pongo en posición de humildad y escucho a todos los maestros que sean necesarios. Y por el camino, si encuentro a un aprendiz al que puedo enseñar algo que aún no sabe, lo comparto. No menosprecio las dotes del aprendiz, ni sobrevaloro las dotes del maestro*».

Solo hay una advertencia implícita en la carta del Sumo Sacerdote y es que tiene una tentación: la posición del maestro cuando cree saberlo todo. Cuando sabe tanto, y tiene tantos discípulos, que llega el punto en el que cree que ya tiene todas las respuestas y toda la razón. En ese preciso y fatídico instante es cuando se deja de aprender. Porque la certeza es aplastante y es la enemiga mortal de la curiosidad. *Ubi dubium ibi sapientia,* donde hay duda, hay sabiduría. No busques la certeza, alíate con la duda y con la posibilidad. La duda siempre te hará avanzar. Si en algún momento piensas *eso es muy básico, ya me lo sé,* vuelve a pensar. Para la persona sabia, nadie es tan ignorante como para que no se pueda aprender algo, aunque sea el cómo *no* se hacen las cosas. Pensar que ya lo sabes todo, o que lo que sabes ya es definitivo, es habitar la cárcel del conocimiento, dejarte engatusar por los espejismos del ego. No dejes nunca de aprender.

A menudo, descubrir nuestro don depende de ayuda y orientación. Hay personas que son capaces de ver en ti lo que tú aún no has visto, un destello de tu propio potencial y te inspiran a seguirlo. Por muy autodidactas que seamos, siempre necesitamos conectar con otras personas con las que compartimos nuestra pasión para poder desarrollar nuestro don. Los otros nos inspiran. Por eso es importante que hagas un esfuerzo consciente por encontrar a tu clan, ese círculo de personas que se mueven por intereses semejantes a los tuyos. Poder compartir tu pasión con personas que animan y validan tus intereses hace que el potencial se desarrolle exponencialmente, pero también hay algo más. Encontrar tu clan aumenta el disfrute de tu talento y permite que las ideas innovadoras fluyan con más naturalidad. Es importante que busques a las personas que son afines a ti y a tu don, porque son una de las fuentes de inspiración y alegría que puedes encontrar.

Si tu entorno desprecia lo que das, si se valora tu talento, lo más probable es que te venga bien buscar entornos más propicios a tu desarrollo. Habla con quien quiera escucharte, con quien le fascinen temas semejantes a los tuyos.

Eso no quiere decir que busques a personas que sólo piensen como tú y que refuercen únicamente tus opiniones y seguridades. De hecho, compartir tu talento con personas que, dentro de tu clan, son muy diferentes a ti, tiene un beneficio altísimo. Los trabajos con un grupo de personas que tienen dones diversos e intereses dispares, pueden llegar a alcanzar un resultado tan rico y complejo, que no hubieran podido alcanzar si cada uno no hubiera aportado e inspirado a los demás con sus ideas. El estímulo de compartir los procesos creativos a partir de valores y conceptos heterogéneos, da lugar a nuevos hallazgos y a puntos de partida insospechados.

El Sumo Sacerdote y el caso de Diana

El concepto que representa el Sumo Sacerdote estuvo dirigiendo mi vida una etapa prolongada. Una de mis mayores motivaciones siempre ha sido el aprendizaje, la búsqueda del conocimiento. Aun así, me fue difícil encontrar un grupo donde encajar. Creí que lo encontraría en la universidad, donde supuse que estaría rodeada de personas con la misma curiosidad innata por todo. Pero pronto, la Suma Sacerdotisa invertida, la Justicia y la realidad me dijeron que no era así. A mis compañeros le resultaba rarísimo que yo me pasara las tardes feliz en la biblioteca, leyendo sobre cosas «que no entran en el examen».

Me sumergía en la mitología de las culturas que estudiábamos, las divinidades y cosmogonías egipcias, griegas, mesopotámicas, aztecas. Los mitos nórdicos me parecían divertidísimos. Y si realmente invertía mucho, mucho tiempo, era capaz de descifrar los glifos mayas de los códices. Podía perderme explorando tratados de alquimia, relatos épicos, o grimorios de magia medieval, y no sentía pasar el tiempo.

Pero sobre todo, me fascinaba el renacimiento, la cultura que había creado el tarot, y pasé años validando, cuestionando, reformando y ampliando lo que había aprendido sobre el tarot. Leí todo lo que pude encontrar sobre el tarot, su historia, significado e iconografía, pero también sobre las corrientes psicológicas que lo vinculaban con el desarrollo del ser humano y con la evolución. Y practicaba. Mucho. Descubrí que podía hacer lecturas sobre cualquier tema, y en cualquier contexto, y cada vez que hacía una interpretación, sentía que conocía más sobre ese misterio profundo que significa ser humano, y sobre aquello que mueve el alma. Meditaba con los arcanos como forma de desconectar de las obligaciones, y pasar un rato con la baraja era mi premio del día.

Ninguna de estas habilidades eran las típicas que se exhiben en un currículo, así que me adaptaba a otros tipos de trabajo y, en las horas que tenía libres, creé la Escuela de Tarot 13 Soles para impartir cursos de simbología y tarot. Conversando sobre la historia del tarot y el simbolismo de los arcanos, sentía que estaba con mi gente.

La Llave de la Estrella

- Este es el arquetipo del lenguaje, la comunicación profunda y también de la creatividad. La Estrella representa tu luz interna, y la manera que tienes de expresarla a través de cualquier medio, hablando, bailando, escribiendo, pintando... Se relaciona con todas las formas del arte y tiene una forma especial de entender la belleza y la naturaleza.

- Simboliza una energía limpia, inocente y transparente, que se maravilla ante el mundo, explorándolo, descubriendo y dejándose llevar por una profunda sensación de gratitud.

- La Estrella nos recuerda lo importante que es encontrar tu clan, personas semejantes con las que puedas hablar de todo lo que te mueve y compartir los dones más luminosos que posees, esas cualidades que te hacen único y especial. Este arcano representa la manera en la que conectamos de forma significativa e inspiradora.

Si te fijas, lo primero que llama la atención de la figura de la Estrella es que está desnuda, lo que representa inocencia y autenticidad: se muestra tal y como es y la encontramos absolutamente centrada en lo que está haciendo. Tiene una rodilla en tierra, símbolo de humildad y de anclaje en tierra firme; y está vertiendo el agua de dos jarras rojas. Como dijimos anteriormente, el agua es la representación de nuestra propia psique y de las emociones. Una de las jarras se vierte de vuelta a un lago, así que parte de la psique de la Estrella vuelve a la fuente primigenia que la inspiró, al inconsciente colectivo; mientras que la otra jarra se derrama sobre la tierra, para regar y alimentar el crecimiento de las plantas. Por cierto, ¿te has fijado en las plantas? Casi llegan a tamaño de arbusto o de árbol pequeño, están más desarrolladas que en ningún otro arcano. Las plantas representan la abundancia en general, aquello que prospera y fructifica y nos indican que esa misma abundancia es lo que consigue la Estrella cuando desarrolla su talento.

El gesto de la Estrella, ensimismada y absorta, tiene mucho que ver con la expresión del talento natural. Cuando estás haciendo aquello que amas, te abstraes y te centras en la tarea, te permites fluir y conectar con tu plenitud. Pones todos tus recursos a favor de tu acción y la sensación es que el tiempo pasa de otra forma. La mejor forma que he leído de describir este efecto es la que explica el brillante educador y divulgador *sir* Ken Robinson

> *«[...] aquellos que conocen esta experiencia sienten el desplazamiento hacia cierto tipo de "metaestado" donde las ideas aparecen más rápidamente, como si estuvieses conectado a una fuente que hace que sea significativamente más fácil lograr tu cometido. Cualquier cosa que estés realizando resulta sencilla, porque unificas la energía con el proceso y con el esfuerzo que estás haciendo. Y sientes realmente que las ideas fluyen a través de ti y que estás canalizándo-*

las; estás siendo el instrumento en vez de obstruirlas o de empeñarte en alcan-
zarlas. [...] Es una sensación magnífica[18]».

Muchas personas identifican sus procesos creativos con esta sensación, pero he
de recalcar que no todas, y no de forma constante. En todo proceso puede haber
fricciones, obstáculos, bloqueos y errores; y es preciso advertir que es absolutamente natural. No siempre se tendrá la sensación de que las cosas fluyen, pero sí
las ganas de seguir adelante, hasta volver a sumergirte en un periodo en el que
pareces deslizarte y avanzar.

La Estrella completa la expresión del don. Cuando ya hemos adquirido el conocimiento intuitivo y el conocimiento oficial, llega el momento de dejar que el
potencial de tu talento fluya en toda su expresión. Llegamos al arquetipo de la
creatividad, donde ponemos en juego las herramientas que hemos adquirido con
los dos arcanos previos para expresar nuestro talento.

La parte académica ya no está solo en tu parte racional: la has integrado de tal
forma, que ya expresa una parte de ti mismo y de tu forma única de comprender
aquello a lo que te entregas. Para iluminar de forma original, algo tiene que estar
en combustión en nuestro interior. Por eso el conocimiento necesita ser vivencial, y no una repetición mecánica o desapasionada. ¿Qué es lo que late dentro de
ti? La Estrella está tan llena de luz, que lo único que desea es compartirlo con el
mundo, mostrarse y derramar su creatividad. *«Me conozco, de una forma tan*
natural, tan sencilla y tan sincera, que lo único que quiero es enseñaros lo que he
aprendido a hacer».

La gran capacidad de la Estrella es iluminar su entorno desde una perspectiva
diferente y única. El mundo es más hermoso cuando lo ilumina la Estrella: el
talento reside de alguna manera en la forma en que la Estrella centra su atención.
Donde el resto de arquetipos ve una anécdota, una Estrella cinéfila, por ejemplo,
construye una película completa. Donde otros solo ven niños que cuidar, una

---

18. Ken Robinson con Lou Aronica (2009), *El Elemento*. Portsmouth, NH Random House Mondadori.

Estrella maestro ve personas completas a las que puede ayudar a desarrollarse. Donde otros ven verduras, una Estrella chef vislumbra un nuevo plato delicioso.

A veces, cuando hablo sobre este arquetipo, he podido comprobar lo limitado que está el concepto de creatividad. Se asocia esta idea con el arte específicamente y, con frecuencia, hay personas que rechazan de plano ser creativas. La creatividad no supone únicamente demostrar cierta habilidad plástica o estética. En realidad, la creatividad es la capacidad que tenemos de *poner en práctica cualquier cosa que haya planeado nuestra imaginación.*

Se puede ser creativo aportando soluciones nuevas a un conflicto, se puede ser creativo en una construcción, cosiendo tejidos, analizando muestras en un laboratorio, entrenando, dando consejos, mediando entre dos personas. La imaginación nos hace encontrar nuevos caminos de acercarnos a nuestro talento y a los dilemas que nos propone y la creatividad es la que se encarga de concretarlos en el mundo material. Por eso era importante, en la etapa de aprendizaje con el Sumo Sacerdote, que aprendiésemos todas las formas de acercarnos al medio con el que desarrollamos nuestro potencial.

Necesitamos adquirir esas herramientas, y después, dejarlas fluir. «*Aprende las normas para ser un profesional y rómpelas para ser un artista*» expresaba Dali. Igual de importante es que seas capaz de aprender de los demás, como liberarte después, para proponer tu camino único y personal. Es tu legado al mundo. Ese es el símbolo de la jarra que se vierte al estanque, al conocimiento original. El agua de la jarra no existía antes de tu manera única de expresarlo, y se lo devuelves al mundo que te ayudó a desarrollar tu don. Así crece también el potencial de los demás. Con la Estrella descubres tu forma de inspirar a los otros, de ayudarles a manifestar su creatividad personal.

Integrar la Estrella significa centrar tu vida hacia un propósito de vida que tiene sentido para ti, es dirigirla a hacer aquello que sientes que has sido diseñado para hacer. El don personal se manifiesta de una forma única y diferente en cada persona, pero hay un elemento común: que desarrolles tu talento, no afecta solo a tu vida. Es algo que nos regalas a todos. Tu don no solo es para ti, es para la sociedad, porque el mundo progresa exponencialmente cuantas más personas están haciendo lo que mejor se les da, en lugar de desperdiciar sus talentos en acciones que desprecian.

De forma personal, este ha sido un tema que me ha fascinado siempre. A través de las lecturas del *Arcanograma®*, he podido confirmar cómo las personas desarrollan su don y cómo cada camino es diferente y tiene desafíos distintos. He descubierto que siempre hay algo de reto en nuestro Don, mientras que otros talentos innatos los desarrollamos de forma sencilla y sin esfuerzo. La diferencia es que, aunque el Don implica algo de dificultad, siempre conlleva pasión (y a veces incluso amor-odio.) Dedicarte a tu don no significa obtener inmediatamente premios, riqueza, reconocimiento y prestigio. Incluso es probable que no todas las personas puedan obtener beneficios económicos de su don. Pero desarrollarlo te acercará a la plenitud y colmará tu propósito de vida. El gran desafío de la Estrella es que te atrevas a ser auténticamente tú mismo.

La Estrella y el caso de Diana

2011 fue el año en que me guió, por fin, la Estrella. Me centré en investigar y desarrollar un tema que me fascinaba y que finalmente se materializó bajo el nombre de Arcanograma®. *En aquella época, había centrado mis estudios del tarot en relación con los arquetipos simbólicos y percibía que podían usarse como un sistema simbólico para reconocer los propios talentos y las formas prácticas de desarrollarlos.*

Para mí, interpretar el tarot no tiene que ver con la adivinación. Es una forma de escucharme a mí misma, de detener la mente lógica, en un estado muy parecido a la meditación, de conectar con quien soy y lo que necesito. Y sí, efectivamente hay una sensación poderosa de magia y revelación, pero, de alguna forma, es una revelación que en muchas ocasiones no me sorprende, sino que me confirma. Una parte de mí reconoce las respuestas, como un regreso a la sabiduría de la Suma Sacerdotisa.

El Arcanograma® *es una lectura que solo se hace una vez en la vida, porque tus talentos, aunque puedan ampliarse, no cambian ni desaparecen. Así que, cuando por fin hice mi propia lectura, la experiencia fue contundente. Eran grandes preguntas, así que ofrecían grandes respuestas, profundas, motivadoras. El conocimiento que obtuve de mí misma durante aquella hora, la repercusión que tuvo y la claridad, no puedo equipararlas a ninguna otra experiencia que haya tenido con el tarot. El* Arcanograma® *me indicaba que mi vocación es Sumo Sacerdote.*

La verdad es que no me sorprendió. Siempre lo había sabido, pero no me había atrevido a creerlo, ni había tenido el valor de reivindicarlo al cien por cien. Las cartas que aparecían en mi tirada unían por fin los puntos que yo no había sabido interpretar antes. Realmente, lo que me mueve, lo que me ha movido toda la vida es esto: enseñar lo que he aprendido. Conectar con las personas e interpretar para ellos lo que necesitan saber. No significa que sea la mejor haciéndolo, lo que significa es que cuando estoy en una formación explicando los misterios de los arcanos o en una conferencia para profesionales de tarot, siento que estoy haciendo justo para lo que he nacido. Es un privilegio poder dedicarme a lo que me apasiona.

A partir de aquella tirada, me atreví por fin a apostar por lo que quería hacer. Dejé mi trabajo fijo y me dediqué por completo a enseñar a leer el tarot, a compartir mi visión de los arcanos y a formar profesionales que querían poder compartir su intuición y sabiduría con el mundo.

A pesar del riesgo práctico, de la cantidad de horas de trabajo y de tener que enfrentarme a una sociedad que prejuzga el tarot, lo cierto es que desarrollar el Arcanograma® *ha sido una Estrella en mi vida.*

Lectura del Reconocimiento

Para comenzar el camino de expansión de los talentos, es interesante reconocer los pilares básicos de nuestros dones. Esta sencilla lectura es una forma magnífica de hacer hueco en nuestra vida a la expresión de los talentos propios, para empezar a reconocerlos e integrarlos.

1. *¿Qué naturaleza esencial me conviene recordar y aceptar?¿Qué es lo mejor que hay dentro de mi?*

2. *¿Qué camino me ayuda a expresar mis talentos y dones?*

3. *¿Qué arcano me guía para integrar mis habilidades en mi vida cotidiana?*

4. *¿Hacia dónde me lleva el camino del desarrollo del potencial?*

7. LA PUERTA DE LA MANIFESTACIÓN

Cómo desarrollar tu potencial.

Hemos llegado a la séptima *puerta*, en la que manifestamos el potencial en nuestro día a día. Aquí es donde ponemos en práctica lo que hemos decidido hacer en nuestro camino, es la zona vital donde concretar nuestras ideas y darles forma. Sabemos que es necesario imaginar, porque nos acerca a las posibilidades de lo que podría llegar a ser. Imaginar, por ejemplo, cómo sería desprenderte de pensamientos limitantes y la liberación que eso supone y que nos enseñó la *Puerta del Caos*. O imaginar cómo puedes canalizar un conflicto hacia la serenidad y seguir esos pasos; o tal vez imaginar la forma en la que puedes desarrollar una idea creativa que nace de tu talento.

Imaginar es fantástico y necesario, pero evidentemente es solo una fase del proceso, que de hecho estaría incompleto si esas ideas no se plasman en el mundo real. Para materializar tu potencial es preciso ponerlo en práctica; así no solo te alcanza a ti, sino que puede tener relevancia para otros.

Dentro de nosotros late el impulso de hacer algo significativo con nuestra vida. Por eso la *Puerta de la Manifestación* es crucial e imprescindible. Necesitamos eliminar la distancia entre nuestras creencias y nuestra forma de vivir, entre lo que pensamos y lo que hacemos. Una parte fundamental de la plenitud es que coincidan esas dos esferas, porque la coherencia vital de hablar y actuar conforme a quien eres es liberadora y auténtica. Representa ser fiel a tu verdadera esencia.

La *Puerta de la Manifestación* es una zona compleja, porque cada vez que investigamos y aplicamos cualquier concepto de las *puertas* anteriores estamos accediendo a ella en parte. Cuando dominas esta Puerta, consigues aplicar tus ideas al mundo material, es decir, eres capaz vivir de acuerdo a quien eres. Como ya hemos hablado, el conocimiento que no se implanta no pasa de ser mera información, pero aquí no estamos buscando el conocimiento del *saber,* sino el conocimiento del *ser*. Esta es una particularidad de nuestra manera de compartir lo que hemos aprendido; y también creo que es la razón por la que los sistemas simbólicos son tan poderosos y eficaces.

La manera que tenemos de aprender, por ejemplo, leyendo un libro o escuchando una conferencia, puede llegar a ser una desde experiencia transcendente hasta una acción banal. ¿Dónde radica la diferencia para que sea una cosa o la otra? En la parte activa de ti mismo al recibir esa enseñanza. Nos resulta posible aprender características, conceptos o creencias, incluso estar intelectualmente de acuerdo y defenderlas en un debate; pero si las aceptamos o las rechazamos de una forma superficial, no se produce un conocimiento auténtico. Es mera información, porque no ha *transformado tu experiencia,* ni se ha integrado en el complejo sistema de tu psique. Simplemente se ha adherido a la superficie como una capa de pintura, pero el engranaje interno sigue funcionando igual.

¿Te has fijado lo difícil que es aprender con la experiencia de los demás? Aunque sepas la teoría, sólo se convierte en conocimiento eficaz cuando lo vives por ti mismo, cuando integras ese concepto en tu experiencia. El aprendizaje verdadero te transforma, te hace entrar en una realidad transcendente que tiene un sentido inmediato en tu vida real. No somos únicamente seres teóricos. Aunque a veces parezca que lo olvidamos, nuestro un cuerpo nos ofrece un sinfín de herramientas para captar la realidad, que nos permiten experimentar, vivir y traer a nuestro contexto lo que previamente existía solamente en nuestra psique.

Por ejemplo, recordemos el arquetipo del Sol. Ahora tienes la información sobre ese arcano, la teoría de que puedes construir tu propia felicidad y contagiar alegría a tu alrededor. Pero esa idea se queda en simples palabras, hasta el día que decidas llevarla a la práctica, y deliberadamente sonrías y saludes a la persona que te sirve un café, con el único propósito de hacer su día un poco más feliz. En ese momento, la información se convierte en conocimiento. Y el conocimiento es transformador.

Por eso los sistemas simbólicos como el tarot, las historias sanadoras y los relatos metafóricos son tan poderosos. El Tarot no actúa como información sencilla y cerrada. Esto es algo que disfruto mucho contando en mis cursos. Si lo analizamos con fines interpretativos, hubiera sido mucho más sencillo que en lugar de símbolos en una lámina, el tarot hubiera especificado el significado con palabras. Algo así como *«Estrella: comunicación y creatividad»*. Pero eso solo son etiquetas, mera información. En realidad, el concepto que representa la Estrella es eso, pero también mucho más y con mayor profundidad.

El símbolo apela a otra zona de nuestro intelecto, pretende que experimentes lo que el símbolo despierta en ti, el mensaje específico que conecta con tu psique. Por eso un símbolo nunca se da por explicado ni aprendido de forma cerrada y categórica. Ha de ser vivencial, su profundidad de analogías y relaciones se va incrementando a medida que progresas. Esa es la razón por la que el conocimiento del tarot, igual que cualquier otro sistema simbólico, es capaz de adaptarse a la etapa evolutiva de cada persona. Y en cada momento de su vida le regalará una clave diferente.

Suelo decirles a mis alumnas y alumnos que, cuando hayan aprendido los rasgos básicos de las cartas, quemen los apuntes. Ni que decir tiene que me miran con horror y se niegan. No es que yo lo diga por sadismo, soy perfectamente consciente del apego que generamos a la primera base del aprendizaje. El asunto está que si sólo tengo en cuenta y me adhiero al primer nivel de conocimiento, es complejo que pueda soltar ese peldaño y seguir avanzando.

Lo cierto es que el símbolo, tan amplio y rico, no puede confinarse ni reducirse a sustantivos y adjetivos. Sí que se pueden explicar por su medio, pero no son solo eso. Las casillas lingüísticas se le quedan pequeñas, porque la experiencia que ofrecen es vivencial y ha de ser integrada en primera persona. Como te decía en la *Puerta* anterior, no permitas que la certeza te impida seguir aprendiendo. Cuando colocamos un par de títulos a un arcano, y creemos que ya lo sabemos, nos cerramos la puerta a seguir profundizando en la vastísima red de conocimiento que esconde.

Recuerda, donde hay duda, hay sabiduría. La certeza cierra la puerta, mientras que la posibilidad nos permite explorar.

En la *Puerta de la Manifestación* nos enfrentamos al otro gran miedo de la humanidad. ¿Recuerdas que lo comentamos en la *Puerta del Caos*? Uno de nuestros temores fundamentales es el miedo al cambio y a lo desconocido. El otro gran temor es el de coger tu vida y hacer con ella algo que de verdad merezca la pena. Somos, en cierta medida, lo que hacemos, no solo lo que soñamos o decimos. Ningún arquitecto es recordado por los edificios con los que fantaseó antes de dormir. Ningún poeta pasó a la posteridad por las obras que dijo estar escribiendo durante las tertulias ni ningún médico por las teorías que no investigó. Somos lo que hacemos y cómo nos comportamos, y tu máxima obra es tu vida.

Ni oveja blanca, ni oveja negra. El caso de Ana

Cuando conocí a Ana en el Arcanograma®, me di cuenta que era la encarnación en persona de la energía de la Manifestación. En su pasado, las cartas indicaban periodos de estancamiento, vividos como Emperador invertido.

«Yo tenía una posición muy buena como maquilladora en Valencia, me trataban como a una super-top, *estaba desbordada de trabajo y vivía sola en el centro, en una casa preciosa -me contó- Tenía unos 20 000 seguidores en redes sociales y había hecho un curso que vendía en línea. Era como tenerlo todo. Pero me faltaba algo,*

quería conocer cosas diferentes, conocerme a mí. No sabía hasta dónde podía llegar. Me faltaba el reto». Las cartas de Ana decían que además de retarse a sí misma, necesitaba crecer. Se había metido en un redil que le quedaba pequeño, y se estaba asfixiando.

La Llave del Carro

- El Carro es el arcano del triunfo. Su energía es dinámica y nómada. Tiene una gran capacidad de adaptación. Simboliza la libertad, la confianza en ti mismo y en el camino que deseas recorrer. Su máxima expresión es tomar las riendas de tu vida y ser autosuficiente.

- Se relaciona con la originalidad, ya que es un arquetipo al que le importa poco lo convencional y cómo puedan juzgarle los demás. Personalidad inquieta y curiosa, con mente rápida e interesante.

- El Carro nos hace reflexionar sobre lo que es realmente importante en la vida, y qué quieres llevar contigo en tu camino. Representa la plena aceptación de uno mismo y tener la capacidad de priorizar el tiempo en aquello que te mueve realmente.

Los símbolos del Carro aluden a un significado primordial: el dueño del carro es el que decide la dirección que tomará su destino y el objetivo al que quiere llegar. Te invita a tomar consciencia de la capacidad que tienes de dirigir tu existencia hacia donde tú quieras, de forma concreta y práctica. Representa la capacidad de generar un camino único, que no haya recorrido nadie antes, específico para ti.

Este arquetipo nos pone delante de una verdad tan básica y simple, que a veces sospechamos que debe haber trampa. Si quieres llegar *allí*, tienes que moverte hacia *allí*. Nos preocupamos tanto por si estaremos capacitados, por lo que no podemos hacer, por los obstáculos posibles, por el conflicto que se puede generar, que, en ocasiones, no prestamos atención a lo que sí que podemos hacer. Dirige los caballos hacia tu objetivo. Eres quien decide el destino al que quieres llegar. Para ello, este arquetipo nos indica que tenemos que provocar un movimiento, una acción dinámica y real que nos haga avanzar.

La decisión y la consciencia de crear un camino propio de vida deben ir seguidas de la acción misma de llevar a cabo esa decisión. Es un ejercicio de libertad pura, pero también de responsabilidad. Quien decide los pasos que toma no puede culpar a nadie de los baches que se encuentre. La energía dinámica del Carro implica la plena asunción de las consecuencias y de la realidad. El Carro no se puede perder en fantasías, porque tiene que centrarse en el siguiente metro que recorrer. Es un arcano que se centra en el momento presente y en las acciones que son necesarias ahora, sin perder energía en especulaciones.

Tradicionalmente este arquetipo se ha relacionado con el triunfo. De hecho, el conductor con su coraza de gala nos recuerda a los desfiles triunfales en la antigua Roma, cuando se vencía en un conflicto bélico y los altos mandos recorrían toda la ciudad.

Vamos a intentar profundidad en la idea de triunfo que subyace aquí ¿Por qué obtendría el éxito este arquetipo? Básicamente, el auriga del Carro está determinado a triunfar según su propio parámetro. Sabe que es mejor hacer las cosas, aunque no estén absolutamente perfectas, que hacerlas tarde o nunca. Es absolutamente coherente consigo mismo: habla según piensa y actúa según habla. Imagínate una persona que sabe que su máximo talento es, por ejemplo, la logopedia. Y que la forma que sueña para desarrollar al máximo su don es crear un centro de ayuda solidaria a adolescentes con dislexia. El Carro decide el objetivo y sabe que el siguiente paso es contactar con profesionales como él o ella, que quieran colaborar con su proyecto.

Integrar el Carro, supone no esperar al lunes, sino empezar a llamar a esos contactos. Y el siguiente paso, cuando ya haya personas suficientes implicadas, será buscar un local tal vez o financiación. Y el Carro, de nuevo, no esperará al lunes ni a que las circunstancias sean más propicias ni a hacer otro máster que le califique aún más.

Sabe dónde quiere llegar y se dirige activamente hacia allí ¿Ves cómo aumentan sus posibilidades de alcanzar su objetivo? Este arquetipo hace lo que dice, porque lo que dice está profundamente en sintonía con lo que piensa.

Otra faceta interesante de este arcano es que se trata de un Carro para un solo auriga, un único conductor es el que maneja las riendas. Simbólicamente, representa la independencia y la libertad. El Carro toma las riendas de su destino, capaz de liberarse de los conocimientos sociales y convencionales que aprisionan o limitan su propia esencia. En su vehículo no hay hueco para los prejuicios de otros ni para sus miedos, sus dependencias, sus inseguridades o sus amenazas. Es mucho más fácil avanzar sin todas esas rémoras externas.

El detalle de la coraza sobre el pecho nos advierte de la buena capacidad del Carro de mantener sus aspiraciones protegidas[19]. En las *puertas* anteriores aprendimos todas las virtudes y conocimientos precisos para desarrollarnos. Ya los hemos integrado y madurado, los hemos transcendido de manera que ya forman parte de nosotros. Es cierto que son enseñanzas y pilares necesarias en una etapa del desarrollo personal, pero ahora ha llegado un momento de inflexión, en el que la zona de confort queda atrás y tomamos las riendas de nuestra vida, bajo nuestras propias reglas, para arriesgarnos a seguir nuestro camino.

Esta energía supone tomar distancia de las críticas ajenas, pero también ser independientes y lograr el avance con nuestros propios medios. Por cierto, esta es una de las facetas que se relacionan con el éxito de este arquetipo. Está determinado a conseguir un triunfo que depende sólo de sus propios valores. No necesita el aplauso de nadie, ni el reconocimiento social para pensar que ha triunfado. Para el Carro, el logro consiste en vivir cada segundo del camino. Triunfa cada día que está haciendo lo que quiere hacer, en lugar de posponerlo. Esto no quiere decir que no se vaya a encontrar obstáculos. De hecho, si te fijas en la lámina, el te-

---

19. El pecho es el hogar simbólico de nuestras emociones y nuestras aspiraciones, ya que además del corazón, comprende nuestros pulmones, con los que «aspiramos» literalmente.

rreno no puede ser más irregular y pedregoso. Pero incluso si el Carro llega a caer, no lo considerará un fracaso, lo considerará una etapa más hacia su propósito definitivo. Este arquetipo dinámico y fluido siempre tiene la habilidad de resolver los problemas sobre la marcha y de redirigir el rumbo. Es una energía que no compite con nadie y que no intenta superar a otros: sus esfuerzos están centrados en su proceso y en sus objetivos. Parte de esta faceta implica la capacidad de desapegarse de lo que no nos permite avanzar ligeros. Esto ocurre cuando nuestra parte práctica se pone al mando y dejamos de desperdiciar tiempo y energía en lo que nos retiene. No es que no se tengan, es que no se enreda en mantener pensamientos negativos, inseguridad o conflictos estériles. La pregunta magistral que se hace el Carro es: «*¿Esto me hace avanzar?*» Si la respuesta es «*no*», lo deja atrás. Si tiene una emoción o un pensamiento que pueda ser un obstáculo, lo gestiona y sigue hacia su objetivo sin dejarse bloquear.

En la profundidad de este arquetipo subyace una comprensión particular del tiempo. Es de lo único que se alimenta su energía y lo único que le interesa: el tiempo de vida vivida con consciencia. Por eso las convenciones sociales ni le compran ni le alcanzan: ha transcendido la esfera insustancial de la existencia, ha comprendido que el tiempo aquí es un regalo y que se va agotando cada hora.

El arquetipo del Carro está dispuesto a sacar todo el provecho que pueda, a vivir cada instante siendo consciente, en lugar de adaptarse a reglas comunes pero perjudiciales. Vive despierto la mayor parte del tiempo, incluso cuando está quieto, porque siempre está dirigiendo su vida.

El Carro, en lugar de distraerse y desconectar de su vida, se conecta poderosamente a cada momento. ¿Alguna vez te has preguntado qué harías la próxima semana si supieras que no te queda más tiempo? ¿Pasarías tiempo viendo la televisión, jugando con el móvil, discutiendo sobre asuntos sin importancia? El Carro, con la visión puesta en la distancia, se ha dado cuenta que *no le queda más tiempo que el que tiene*, y que, hasta que el contador se ponga a cero, hay muchas cosas que quiere hacer.

Y unido a este conocimiento, el Carro se desapega del miedo. Tiene el tiempo que tiene, ni más ni menos. No sabe cuánto es, pero es lo único que posee y es lo único importante. Por eso le resulta sencillo mirar en perspectiva y valorar los sucesos en el gran esquema de la vida. Así, los obstáculos se minimizan, los problemas son menores, y no hay muchas opciones para el miedo. Perder el tiempo bloqueado, sin aprovecharlo sería la única pérdida. Aquel que es capaz de lanzarse a vivir su vida y no lo que otros proyectan para él, deja atrás el miedo y se sitúa en el presente de su existencia. Esa es la clave del triunfo, ser fiel a ti mismo y vivir de acuerdo con tus planteamientos. Después de haber demostrado que somos capaces de decidir nuestro camino, y de integrar el libre albedrío, el Carro viene a darnos el poder de materializar ese camino personal sin desfallecer. Entender el Carro significa permitir que se manifieste la conciencia de vida.

El Carro y el caso de Ana

La carta del Carro marcaba con su energía toda la tirada. «Decidí irme a Reino Unido. Quería probar cosas diferentes, pensaba que, si lograba mi sueño en Londres, era una forma de decirles a los demás que hay más posibilidades. Hubo muchas personas que me apoyaron, pero en mi entorno cercano no entendían por qué quería irme. Me llamaban inconformista y me decían que siempre iba a querer más, y que nunca iba a ser feliz. Me llegaron a decir que tenía infelicidad crónica».

Las cartas del Ermitaño y la Estrella, reflejaban que su viaje estaba relacionado con su camino de vida, y con descubrir su verdadero potencial. «Estaba cansada de seguir el camino marcado y tenía el sueño de trabajar con una marca de cosmética que me encantaba, pero que no estaba en España». Así que Ana decidió que valía la pena intentar llevar a cabo lo que la apasionaba y se fue a Londres con el propósito claro de conseguir trabajar donde soñaba.

La Llave de la Fuerza

- La Fuerza es la representación de la voluntad humana. La capacidad que tenemos de construir nuestro destino y de cambiar las circunstancias y el entorno para mejorar el mundo. Se relaciona con la constancia, la fuerza de voluntad, la humildad, la paciencia.

- Es el arquetipo imparable e incorruptible. No se rinde, no se agota, no se impone, no se desilusiona. Sencillamente sigue caminando despacio hacia lo que se ha propuesto. Los obstáculos sólo son parte del proceso.

- Es un arquetipo que simboliza la capacidad de ayudar a los demás, de ser un pilar y de dar apoyo a quien lo necesita. La carta de la Fuerza sabe muy bien quién es y controla sin aplastar sus necesidades y reacciones. Representa el dominio del ego.

En esta interesante lámina vemos a una mujer que abre, con sus manos desnudas y sin esfuerzo aparente, las fauces de un león. Simboliza la capacidad humana de dominar los instintos animales, incluso los más peligrosos, tal y como representan los colmillos del animal. Es interesante el hecho de que esta alegoría parece someter al león sin lucha ni violencia, lo que significa que las energías representadas por la fiera no deben ser eliminadas, sino guiadas por una conciencia superior.

Por otra parte, esa representación de los instintos es encarnada por el león, que en sí mismo posee un significado particular. El león se considera un animal regio, asociado al imperio y a la corona. Podríamos decir que es el equivalente en la tierra del símbolo del águila y se le relaciona con los atributos solares. El león alude a las pasiones latentes y poderosas, no solamente las consideradas inferiores, sino también los instintos del ego y las trampas del intelecto. Representa el orgullo, el afán de victoria y dominio, el deseo de superioridad y los sueños de grandeza. Al estar la Fuerza sometiendo el león, en lugar de destruirlo, nos encontramos que todos esos impulsos pueden ser dirigidos y encauzados para lograr un bien mayor.

Este arquetipo nos indica que la otra energía necesaria para manifestar nuestro potencial es la constancia. Perseverancia, disciplina, tesón y trabajo mantenido en el tiempo. El león, que simboliza las trampas de la mente nos dirá cosas como *«no eres suficientemente bueno»*, *«objetivamente, hay demasiada competencia»* o tal vez *«tienes que formarte mucho más para llegar a donde sueñas»*. Pero la Fuerza nos dice: *«simplemente, hazlo. Todo se cura con lo mismo: llévalo a cabo. Hazlo y persevera»*.

Lo que el Carro ha puesto en movimiento mantenlo, aliméntalo. Practica, ensaya, prueba todas las formas de mejorar una a una. Mediante la disciplina y la constancia, hay muy pocas excepciones para que no llegues a donde quieras llegar.

Un detalle precioso en la simbología de este arcano son las mangas que lleva la Fuerza. En la parte superior son grandes, abullonadas, pero en la inferior se pegan a la muñeca, con un sobremanga típico de la época que se utilizaba para tener libertad de movimiento para cualquier tarea que lo requiriera. Debe ser cómodo trabajar con el león así. Creo que esto es lo más similar que nos podemos encontrar en un arcano a remangarse y ponerse a trabajar.

Esta carta me trae siempre el recuerdo de una anécdota my breve, de una persona que conocí en consulta hace ya algunos años. Se llamaba José y acababa de perder su empleo, justo cuando se recrudecía una época de crisis laboral y económica. Me contó que, cuando le había dado la noticia a su madre, esta se había puesto a llorar como si fuese una desgracia irreparable: *«Sé que las cosas están mal -decía él- pero yo solo necesito un trabajo. Al menos uno tiene que haber»*. Pregunté por sus arcanos de personalidad: apareció la Fuerza, dominando la lectura. En ese instante supe que no iba a tener problema. Durante el mes siguiente, se levantó a la misma hora de siempre y cumplió las mismas horas de su antigua jornada, visitando calle por calle todas las empresas que le interesaban y entregando su currículo. Me contó que había entregado más de 2000. Antes de tres semanas ya estaba contratado.

Así es la energía Fuerza, constante y tranquila. Las circunstancias pueden ser adversas, pero haz todo lo que esté en tus manos. Es mucho más de lo que crees. Al contrario que el Carro, que representa la energía dinámica, la Fuerza representa la energía sostenida en el tiempo. Es el maratón donde se pone a prueba tu resistencia. Por eso la Fuerza nos ayuda a entender la forma de desmenuzar proyectos grandes y que, a primera vista nos superan, en pequeños pasos que son asumibles. Es cuestión de fragmentar el largo recorrido en diversos tramos sucesivos. Dar solo el siguiente paso es fácil. No te dejes abrumar por la distancia, porque estás capacitado más que de sobra para poner el siguiente pie delante.

Esta es la carta de la paciencia, el concepto fracaso tampoco entra en la mentalidad de la Fuerza: «*Si no he conseguido mi propósito, es que aún no he terminado*». Le da lo mismo tardar tres meses que tres años, que treinta. Si merece la pena hacerlo, la Fuerza lo hará.

También es una carta que nos enseña humildad (¿te has fijado? Lleva sandalias, símbolo de que no necesita protegerse). Con este arquetipo comprendemos que no necesitamos vencer a nadie, ni llegar al puesto más alto, ni aparentar ser más de lo que somos. Si moderamos las expectativas de acuerdo con una posición realista, nos resultará más fácil no colapsarnos en poco tiempo. El león está exigiendo que seamos perfectos y que alcancemos más que nadie, pero hay un motor más eficaz, canalizado por la Fuerza. Y es que podemos ser completos simplemente si, al final de nuestra vida, podemos decir: «*lo hice lo mejor que supe, puse todas mis cualidades y mi empeño*». Bertrand Russell lo expresaba así «*Aprenda a sentir que la vida valdría la pena vivirla aunque usted no fuera -como desde luego es-, incomparablemente superior a todos sus amigos en virtudes e inteligencia[20]*».

---

20. Bertrand Russell (2000). *La conquista de la felicidad.* Madrid, Debate.

Cada día trae consigo una oportunidad para evolucionar, cada hora de tu vida puede tener dirección y sentido, si no nos dejamos llevar por el automatismo. ¿En qué área quieres crecer tú? Si inviertes tiempo y energía en aumentar tus músculos, te harás más fuerte y serás capaz de vencer tus marcas. Si inviertes tiempo y energía en criticar, te harás más crítico y serás capaz de encontrar algo digno de crítica en todo. Si inviertes tiempo y energía en amar, te harás amable y serás capaz de encontrar algo digno de amar en todos. Elige bien, aquello que sea bálsamo para tu alma, no permitas que el león del ego devore tu tiempo.

La Fuerza y el caso de Ana

Las cartas que representaban la estancia de Ana en Londres eran de todo, menos fáciles. Estrella invertida y Torre indicaban las dificultades del lenguaje y la realidad demoledora. «Pasé de una posición en España muy valorada y cómoda, a ser una desconocida, a no saber nada del tipo de pieles que tocaba, y a no hablar bien el idioma. Las clientas no querían que las atendiera. Lloré durante tres meses».

La Fuerza marcaba el resto de la tirada, junto con la serenidad de la Templanza. Ana decidió que tenía que conseguir un cambio mental y comenzó a centrar su atención en cada clienta que tenía delante. «Me pasaba nueve horas al día poniendo mi energía al cien por cien en cada persona que atendía, esforzándome al máximo y con todo el cariño del mundo. Y luego me iba a hacer el blog y a crear contenido para las redes sociales. Trabajaba, trabajaba y trabajaba». Pronto empezó a verse fuerte, a superar las barreras del lenguaje y se encontró enviando los correos electrónicos imprescindibles para conseguir su meta.

La Llave Maestra de la Rueda de la Fortuna

- La Rueda de la Fortuna es un arquetipo más complejo de lo que aparenta. Los símbolos en la rueda parecen decirnos que la buena suerte o el destino son volubles y que tanto puedes estar subiendo, creciendo y evolucionando; como bajando e involucionando.

- Pero este arquetipo va más allá, porque nos desvela que existe la posibilidad de dominar la Rueda de la Fortuna, de estar por encima de los vaivenes de la vida. Este es el arquetipo que nos hace entender que tanto lo que entendemos como la buena suerte, como el desarrollo personal, tiene mucho que ver con decidir aceptar los regalos de la vida.

- Se relaciona con las buenas oportunidades, con aquello que espera tras las señales, tan fácil y beneficioso, que podríamos llamarlo un regalo del universo. Representa la confianza plena en que la vida es abundancia y que la gratitud y las ganas de avanzar hacen que cada vez aparezcan más oportunidades.

La dueña de la Manifestación y la que aporta equilibrio en esta *Puerta* es la Rueda de la Fortuna, que nos impulsa a soltar el control excesivo y a tener confianza. Conlleva utilizar todos los recursos y la energía disponibles para manifestar tus proyectos en el mundo material, no únicamente tus recursos personales. Porque cuando tú pones todo de tu parte, con el Carro y la Fuerza, tal vez sea el universo el que te regale un empujón, el viento a favor. Dos cartas de constancia y trabajo; y una de aceptación de los regalos, de los favores, de los privilegios y de los atajos.

La Rueda de la Fortuna te dice: «*aprende a pedir aquello que necesitas. Aprende a vivir con la atención puesta en aquello que tienes en abundancia. Porque si está en tu camino, el universo te lo va a poner fácil para que conectes tu propósito de vida. La Rueda de la Fortuna te enseña a confiar en la energía de vida que te rodea.*»

Con esta carta, aprendemos que las casualidades no lo son tanto y que hay cosas que pueden parecer imposibles, pero suceden una y otra vez. Y que a veces estás tan conectado, que simplemente por pedir algo, haces que se materialice espontáneamente en tu vida.

Este es el arquetipo que te enseña a seguir las señales, a adentrarte en los misterios inexplicables de la vida. Por supuesto que hay que equilibrar el trabajo personal y la petición de ayuda: la receta de los arcanos es el doble de lo primero que de lo segundo, como hemos visto con el Carro y la Fuerza.

La Rueda de la Fortuna representa una energía de avance sencilla y natural, sin resistencia, como la forma que tiene el agua de filtrarse y deslizarse hacia el océano. No hay fricción ni obcecación. El rumbo se puede corregir sobre la marcha, solo hay que dejarse llevar. Con la Rueda de la Fortuna, te sientes profundamente tú mismo y el esfuerzo que supone tu camino es agradable. Seguir tus propósitos no tiene porqué vivirse como un sacrificio o una tortura, es tan sólo caminar. Caminar todos los días. Pero el sufrimiento es opcional. No es preciso que te estrelles, ni que camines entre las rocas, ni que avances de rodillas.

La Rueda te enseña a elegir lo mejor para ti. Elige el camino que te sea más fácil, porque te lo mereces. Con eso no quiero decir que tengas que elegir el coche más caro o lo que te digan que es lo mejor del mercado. A lo mejor, lo que concuerda con tu camino es una simple bicicleta, pero es lo que encaja con tu felicidad y con tu coherencia. Elige lo que es mejor para tu vida.

Evidentemente, elegir lo mejor no nos exime de responsabilidades y de obligaciones. Pero nos permite estar profundamente de acuerdo con ellas. Nos hace tomar consciencia de nuestro camino y de nuestras decisiones. Puedes hacer lo que quieras con tu vida. Puedes elegir estar donde quieres estar. Nos obliga a ser responsables de nuestro camino: *estoy aquí porque lo he decidido*. Este concepto está representado en la simbología profunda de la carta. Si prestas atención, verás que el animal que está en la parte superior de la rueda se apoya sobre una tabla y no directamente sobre la rueda, indicando que ha conseguido construir una plataforma dinámica, y que, en vez de estar sujeto únicamente a los cambios de la

Rueda, ha logrado generar sus propias oportunidades, buscándolas, atrayéndolas mediante sus acciones y prestando atención a los detalles.

¿Crees que se puede elegir la suerte? Martin Seligman, el impulsor de la psicología positiva, llevó a cabo un estudio que demuestra que las personas que se sienten más afortunadas y agradecidas alcanzan mayores cotas de felicidad[21]. La creencia profunda de que la mayoría de vivencias que experimentamos, esconden dentro de sí un regalo y un aprendizaje, nos acerca a la felicidad y nos libera del miedo. Esta verdad sencilla encierra un conocimiento práctico que conviene tener en cuenta para la vida. Dedícale un momento a considerarlo.

Aún más interesantes si cabe son los experimentos sobre la suerte de Richard Wiseman, que demuestran que las personas que se consideran afortunadas están más abiertas a percibir y aceptar nuevas oportunidades. Tienen una relación más fluida y confiada con el entorno, por lo que les resulta más fácil generar nuevas conexiones e interpretar lo que les sucede desde el punto de vista del aprendizaje[22].

Si continuamente estás eligiendo cosas que son positivas para ti, ¿qué vas a obtener?. Si en cada paso que das en la vida te detienes a elegir lo que es mejor para ti, lo que encaja mejor contigo, el resultado va a ser beneficioso en una probabilidad altísima. Elige tu propia buena suerte, trabaja tu confianza. Hay un océano de abundancia esperándote, un océano de oportunidades dispuestas para que alargues tu mano y las tomes.

Este arquetipo se relaciona tradicionalmente con las casualidades afortunadas, con las oportunidades de todo tipo y con las opciones que llegan a través de los contactos sociales, las colaboraciones fáciles que surgen de encuentros inesperados.

Otro símbolo muy interesante de este arquetipo es la manivela que mueve la Rueda de la Fortuna. Su color es blanco, por lo que se relaciona con una deidad

---

21. Martin Seligman (2017). *La auténtica felicidad.* Madrid, Ediciones B.

22. Richard Wiseman (2003). *El factor suerte.* Barcelona, Planeta.

superior, pero el final no se ve, queda fuera del alcance de nuestra visión. Por eso este arcano se relaciona con la espiritualidad y la fe en que todo lo que ocurre generado por la mano divina ocurre para mejor. Es una carta que te inspira para desarrollar tu fe en un mundo generoso y lleno de abundancia. Un dato para ejemplificar esta energía: se dice que las probabilidades que tuviste de nacer son 1 entre 105.000.000.000. Y sin embargo, aquí estás.

La Rueda de la Fortuna equilibra la *Manifestación* de nuestro potencial advirtiéndonos de que hay componentes externos a nosotros que también influyen en la materialización de nuestros propósitos. El dinamismo del Carro y el esfuerzo continuado de la Fuerza nos ponen en una inmejorable situación. Pero hay que contar con los elementos que no podemos controlar, porque forman parte de lo que no está en nuestras manos. La Rueda de la Fortuna nos vuelve a dar un mensaje como el de la Torre: ocúpate de aquello de lo que puedas ocuparte, pero, en el resto, despreocúpate, porque es un gasto de energía inútil. Trabaja e intenta poner lo mejor de ti, sé cuidadoso con los detalles que pueden conducirte a mejores oportunidades. Pero desapégate del resultado, porque así no hay fricción. Da el máximo de lo que puedas y confía en que llegará a donde tenga que llegar.

Otra de las peculiaridades de la Rueda de la Fortuna es el movimiento. Somos seres humanos, cambiantes, efímeros y en continua evolución. Esto relaciona nuestro propósito con el crecimiento y el avance. La Rueda de la Fortuna no va a cumplir su misión si solo se manifiesta una vez, si solo consigue un reto y se estanca. Todo lo que no crece, decrece, todo el potencial que no se usa o que no se aplica, se marchita y va desapareciendo. Por eso la Rueda de la Fortuna conlleva una escalada, ir logrando pequeños retos paso a paso, pero después, desvincularte de lo que has conseguido, no apegarte a lo material y seguir manifestando y evolucionando.

La Rueda de la Fortuna y el caso de Ana

La Rueda de la Fortuna no solo tenía un lugar prominente en el Arcanograma® *de Ana, sino que aparecía continuamente como respuesta a muchas de sus cuestiones vitales. Cuando le expliqué los pequeños detalles que se relacionan con esta energía, se sorprendió mucho de que hubiera un arcano que explicaba las cosas inexplicables que le ocurrían.* «Justo, la oportunidad me llegó cuando decidí relajarme y disfrutar del día a día. Y, de repente, me llamaron de la marca de mis sueños y me dijeron que iban a abrir una boutique y que habían pensado en mí. Preparé una presentación increíble y le dije: «Voy a contarte por qué vas a elegirme». Me ofrecieron directamente el puesto de lead artist, que era mucho más de lo que yo había pensado. Estaba feliz».

Pero, como os contaba, la Rueda de la Fortuna es una energía de crecimiento constante. Lo mismo le ocurrió a Ana, antes de cumplir un año en esa posición. «Había conseguido un reto, pero me daba cuenta de que podía seguir creciendo, tener retos nuevos. Y, casualmente, tuve una conversación muy profunda con el hijo de mi compañera de piso y entendí que podía apostar por mi propia oportunidad.

Dejé mi trabajo en la compañía cosmética, con toda la ilusión del mundo, pero, de pronto, me encontré con una tendinitis que no me permitió hacer trabajos de freelance *durante un mes. Hubo un momento en que en mi cuenta bancaria había sólo 29 peniques. Tenía que hacer algo y se me ocurrió ofrecer un descuento de mi curso en línea. Pensé que necesitaba al menos 1000 libras para salir del paso y pagar el alquiler. Si los conseguía, estaba salvada. En 24 horas gané 13.000 libras. Entonces fue cuando supe que todo iba a funcionar, que todo por lo que me había esforzado tanto iba a resultar bien. La siguiente vez que ofrecí plazas nuevas para mis cursos de maquillaje se agotaron en 20 minutos».*

Ahora Ana Albiol tiene más de 100.000 seguidores en redes sociales. Fiel a su energía Rueda de la Fortuna ha seguido evolucionando y creciendo, abriéndose a nuevas aspiraciones laborales. Participa en conferencias, ha escrito dos novelas y sigue

creando su camino de cambio y expansión de acuerdo a los dones que reflejaba su
Arcanograma®.

Lectura de la Manifestación

Traer a la vida aquello que tu espíritu anhela, prestarle atención, ponerle energía,
apasionarte con quien eres y lo que quieres construir: todo forma parte del proceso
de manifestar y vivir el potencial que está en ti. Esta lectura, orientada a la inter-
pretación de consejos prácticos, es un punto de partida fantástico para que tomes las
herramientas que necesitas con claridad y confianza.

1. *¿Cómo puedo conectar con lo que es significativo para mi alma?*

2. *¿Cuál es el ritmo que me ayuda a manifestar mi potencial?*

3. *¿Qué lastres y obstáculos estoy preparada/o para dejar atrás?*

4. *¿Qué apoyos y recursos externos me pueden ayudar en la tarea?*

5. *¿Cuál es el siguiente paso práctico que puedo dar?*

∞EL MUNDO

La realización plena.

- El Mundo es la última carta y, de alguna forma, engloba el conocimiento de todos los demás arcanos, como si los contuviese a todos dentro de sí. Simboliza la plenitud, la realización completa, la aceptación de todo lo que te compone. Alude a la comunidad, la generosidad, el altruismo y el reconocimiento de que tenemos acceso a todas las virtudes del ser humano, aunque no estén desarrolladas completamente.

- Es la carta que simboliza el *ser en plenitud*, aquel que se comprende a sí mismo, al mundo y a las personas que le rodean, con sus motivaciones y reacciones. Integramos este arquetipo cuando somos capaces de sentir un auténtico interés por cosas o personas distintas de nosotros mismos, de manera genuina y profunda. Representa lo pleno y completo, cuando se está viviendo en el camino del propósito de vida, o al menos, se está trabajando para lograrlo.

- De una forma más profunda, el Mundo alude a la unicidad, nos invita a reflexionar sobre aquello que nos vincula con todo lo que existe. Es la interconexión entre todos los seres vivos y el universo. Este arquetipo nos ayuda a entender que todos formamos parte de una misma energía, que somos parte de un todo integrado y que estamos conectados por el mismo hilo de vida con todas las criaturas.

Hemos llegado a nuestro objetivo. Hemos cruzado *Las Siete Puertas,* hemos afrontado retos y reinventado nuestra historia. Nos hemos caído y nos hemos vuelto a levantar. Hemos recorrido veintiún aprendizajes para entrar en la realización plena del ser. Por fin, llegamos al Mundo.

Este arcano es el símbolo de la totalidad manifestada en la realidad. La persona que vemos en el centro de la lámina representa al ser humano completo, realizado y libre de las ataduras del ego. Está envuelto por la *mandorla mística,* una corona de laurel en forma de almendra que se identifica con la victoria, y en cuyo interior solo se representaban personajes sagrados. En las cuatro esquinas de la carta, vemos la imagen de los *tetramorfos:* el águila, el ángel, el toro y el león, que simbolizan a los cuatro evangelistas y los cuatro elementos.

Las analogías de estas cuatro figuras dan a entender que la plenitud del Mundo se ve de forma tangible en el plano material, ya que el cuatro es el número que representa lo físico. De forma más concreta, el Toro representa a la tierra, el trabajo, la resistencia y el sacrificio. El León se vincula con el elemento fuego, a la vez que con la fuerza y el dinamismo. Por su parte, el Águila se conecta con el elemento aire y nos habla de inteligencia, comprensión y pensamiento; mientras que el Ángel representa el elemento agua, las emociones y la intuición de la verdad[23]. Cuatro elementos, con todas las características de lo que hacemos, pensamos, sentimos y comunicamos, dirigidos por el éter: la voluntad libre representada en la figura central.

¿Recuerdas que la Suma Sacerdotisa tenía una peculiaridad? Su tiara sobresalía del marco de la carta, porque estaba conectada directamente con lo superior, aquello que los demás no podían ver. Pues este es el otro arquetipo que sobresale

---

23. Juan Eduardo Cirlot (1969). *Diccionario de Símbolos.* Madrid, Siruela.

del marco. En este caso, son las aureolas del águila y el ángel las que sobresalen, un interesantísimo detalle que nos indica que el pensamiento y la comprensión del águila, y también las emociones y la intuición de la verdad del ángel, están conectadas directamente con lo superior y siguen la sabiduría de una conciencia elevada. En realidad, este detalle nos está contando que la actitud del Mundo *sobresale de los límites habituales.*

Esta carta alude al resultado de una acción creativa constante, y se despliega dentro de nosotros cuando tomamos consciencia de nuestra capacidad real para transformar el mundo. Encarna la energía vital del universo, representada en todas las culturas como un movimiento incesante y expansivo, que nos conecta con todo lo que existe y que nos permite alcanzar la evolución completa.

Al ser la última carta, nos revela que la realización plena es la consecuencia de unir las aparentes contradicciones del ser humano, de asumir todas nuestras facetas, y de comprender el profundo concepto de hermandad que nos une a todos. *«Nada humano me es ajeno»,* tal como lo escribió Publio Terencio. El arquetipo del Mundo, ha sobrepasado la idea de poner etiquetas y señalar diferencias, y tiene su atención centrada en ver conexiones y sinergias constructivas.

Las Siete Puertas nos ayudan a conectar con nosotros mismos, pero, al mismo tiempo, a liberarnos de conceptos que nos aprisionan y nos anclan, como el miedo, la desidia, la falta de poder personal o la soberbia. Si comprendemos las emociones que se centran en nuestro ego, y somos capaces de trascenderlas en la medida de lo posible, nace un interés auténtico en el mundo que nos rodea. Es una maravillosa unión, profunda e instintiva, con el fluir de la vida. Sucede cuando no buscamos la distancia, sino la integración, cuando, en lugar de definirnos con etiquetas, nos aceptamos. Integrar el Mundo significa sentirnos parte del río de la vida, no algo ajeno o que no encaja, sino una parte del todo por derecho propio, en pleno abrazo con nuestra existencia.

En su *Diario de una escritora,* Virginia Woolf, hablaba así del discurrir de la vida

«No quiero ser "famosa" o "grandiosa". Seguiré aventurándome, cambiando, abriendo mi mente y mis ojos, rechazando ser etiquetada y estereotipada. La

cuestión es liberarse a uno mismo: permitirte encontrar tu propia magnitud, en vez de impedirla».

Hacia esa misma magnitud y relevancia nos encaminamos nosotros. Para entender nuestro propio alcance y desarrollar nuestra verdadera dimensión. Todo este viaje que propone el tarot se basa en entender que el camino del buscador, en realidad, se dirige a descubrir a los demás, en encontrar nuestra propia extensión en el mundo. La plenitud está en abrirnos a lo que nos rodea.

El peregrinaje que iniciamos con el Loco, en realidad, no es sólo una aventura para la introspección, también es un viaje para comprender al otro, al ser humano. Cuando te conoces y te entiendes, despiertas la capacidad real de conocer a los demás. Si reconoces dentro de ti las 22 energías de los arcanos, serás capaz de entender esas mismas cualidades y limitaciones cuando las veas frente a ti, en otras personas.

Si el Mundo hablase, nos diría tal vez algo como esto: *«Os asumo, porque me he asumido. Y no juzgo a nadie, porque no me juzgo a mí mismo. Todos somos parte de lo mismo, estamos formados con la misma materia: necesidad, sueños y esperanza. Cada persona con la que me cruzo es parte de mi vida y yo de la suya. Tomo plena consciencia de mi camino para realizarme y vivir una vida significativa para mí».*

A través del arquetipo, a través del símbolo, puedes comprender e interiorizar las relaciones que tienes con los demás y entender sus motivaciones, sus miedos, intuir sus reacciones. El viaje es hacia la plenitud, hacia las fronteras ilimitadas, hacia la expansión. Por el camino, te vas conociendo, pero el objetivo es comprender lo que ya existe, el Mundo que te rodea. Cada *Puerta* te va sacando del encierro y la limitación, hacia la apertura, la capacidad de cambiar, hacia el poder personal, la abundancia y la libertad.

Cuando llegamos al Mundo, descubrimos que el universo no es hostil, pero sí primitivo y que no está lejos de nuestro alcance. Estamos rodeados por esta energía, inmersos en él y solo con mover una mano podemos modificar su fluir, porque formamos parte de él. Tus acciones tienen consecuencias directas en lo que te rodea, da igual tu escala de repercusión. Este no es el mundo sublimado, no representa la iluminación sagrada e inalcanzable, sino que es el mundo cercano, donde puedes influir, experimentar y manifestar tu potencial cada día.

De hecho, estoy convencida de que muchos días de tu vida habrás experimentado la energía que simboliza esta carta. Momentos en los que has sentido plenitud y realización, en que has sentido que estabas conectada o conectado con los demás y que tu vida tenía un significado profundo. Aunque hayan sido breves, aunque no te parezcan tan potentes, haz memoria, porque están ahí.

Has pasado por *Siete Puertas* que te han ayudado a entrenar y consolidar tus cualidades y también a ponerlos a prueba. Cuando integres esos conocimientos, estarás más abierto al cambio, sabrás gestionar mejor tu vida material, respetarás tu espacio y el de los demás, habrás conquistado tu serenidad, para amarte y amar a los que te rodean y manifestar el don que te hace único. Toda una galería de recursos poderosos y llenos de luz para construir la vida que deseas y mereces. Practica la compasión, la tolerancia, la amabilidad. Eres capaz de generar alrededor tuyo un espacio generoso y fluido donde los demás puedan sentirse aceptados y fluir hacia su esencia.

El Mundo nos invita a considerar nuestro planeta como un organismo único, complejo y dinámico, cuyos elementos toman lo que necesitan para sobrevivir, pero también aportan beneficios al medio, como hacen las plantas. Nos habla de la necesidad de que haya equilibrio con nuestras aspiraciones y sinergia con la vida de otras personas. Está en tus manos. Explora tu capacidad activa de hacer del mundo un lugar mejor, en la medida de tus posibilidades, deja una contribución con tu marca personal, de la que puedas sentirte orgulloso y que te haga sentir realizado, sentir que has hecho lo que querías hacer.

Esta carta implica que hagas un esfuerzo consciente por dar sentido a tu vida, a poner en funcionamiento esa chispa divina que está dentro de ti y confiar en que verdaderamente formas parte del universo, porque es así.

Juega a que cada día es una vida en miniatura. Si solo por hoy consigues hacer aquello con lo que estás profundamente acuerdo, entonces tu vida entera cobra significado. Y mañana solo tienes que repetir las actitudes de hoy. Al final del camino, tu vida es la suma de cada uno de tus días.

Por eso el Mundo, se vincula con un proyecto colectivo de vida. El hecho de que tú sigas manifestando tu potencial y de que evoluciones, como te decía, no solo te incumbe a ti: afecta a todas las personas con las que interactúas. Ese es tu campo de influencia, donde puedes establecer la diferencia que tú elijas. Hay radica tu grandeza, tanto si eres consciente como si no. Este arcano te propone que vivas y fluyas de acuerdo con tus creencias, que conviertas tu vida en el aquello que te gustaría ver expandirse en el Mundo. Es la aceptación, tolerancia y respeto a tu camino único y al camino de los demás. De esta forma, se pueden forjar relaciones de generosidad fluida, ya que este arquetipo no tiene miedo a pedir lo que necesita para cambiar las cosas y establece conexiones en las que la ayuda que ofrece se pueda expandir, con un efecto dominó.

Permítame que te cuente una anécdota que para mi representa a la perfección esa sensación sutil de fluir a favor de la vida que representa el Mundo. Fue hace poco tiempo, al terminar el curso vivencial de *Las Siete Puertas del Tarot*, donde hice una visualización con el arcano del Mundo para despedirme del grupo. Es una de mis meditaciones preferidas, porque conectar con la energía global y sentirte parte de un todo produce una sensación de bienestar increíble. Cuando terminamos la visualización, Virginia, una de las alumnas (y un alma bellísima), nos contó los símbolos personales que acababa de vivir. Tal vez no sea capaz de reproducir aquí la delicadeza de su experiencia, soy consciente que su historia no sólo se componía de los símbolos y palabras que te voy a compartir, si no que estaba impregnada de la honda emoción y la energía de su meditación. Su rostro tenía esa luz especial de haber alcanzado una revelación, si bien para ella era sencilla y humilde. Virginia nos contó que al comenzar la meditación guiada, se había observado a sí misma como era hacía seis meses, al comenzar el curso. Esta imagen no pertenecía a la visualización guiada, había sido algo espontáneo que había surgido de su psique inconsciente. Se veía a sí misma debajo de un gran árbol, poniéndose de puntillas, brincando y desesperándose para conseguir alcanzar las manzanas. *«Creo que representa todo lo que yo hacía antes para intentar llegar a lo que exigían de mí, para intentar llegar a ser perfecta, a ser la niña buena».* Aquello nos resonó a todo el grupo cuando lo escuchamos: Virginia, desde la inseguridad y también desde una gran honestidad y valentía, había hecho un increíble trabajo personal durante todo el curso. El tema de la necesidad de ser aceptada y de agradar a los demás para lograrlo había sido una de sus claves. Habíamos sido testigos de cómo se había ido librando de ciertos lastres mentales en ese aspecto y su crecimiento era evidente. Después de la meditación con el Mundo, se había vuelto a ver sí misma en ese mismo paisaje onírico, pero tal y como era en ese momento presente.

«Estaba de nuevo bajo el gran manzano, pero, algo importante había cambiado en mí. Podía sentirlo. En vez de luchar y esforzarme por alcanzar las frutas, simplemente había caminado tranquila hacia el árbol, sin distraerme con las manzanas, y me había abrazado al tronco», nos contó Virginia, riéndose, y aún emocionada por lo que había vivido. *«Me es muy difícil explicarlo, pero sentía en lo más profundo de mi que formaba parte del árbol. Supe que el manzano era el Mundo y que yo formo parte de él. Siendo tal y como soy, sin tener que brincar. Y entonces, mientras lo abrazaba, una rama del árbol se movió hacia mí sin esfuerzo y me puso una manzana en la palma de la mano».*

No hacía falta mucho más. La conexión con esa aceptación propia, la sensación de formar parte y merecer de forma fácil aquello que se había esforzado tanto por alcanzar, se había hecho. No sólo de una forma racional, sino a través de la psique inconsciente, en la visualización. Y ese conocimiento experimentado es un regalo que ya no se olvida.

Cuando estás en tu camino, la vida es más sencilla. El Mundo nos impulsa a dejar de vivir sin consciencia, sin dirección, sin un objetivo que cumplir. Implica la capacidad de amar, de luchar y de soñar, de comprender. El Mundo es la decisión de construir aquello que da significado a tu existencia, de enfrentarte a los misterios de la vida con asombro y alegría. La plenitud es nuestra gran recompensa.

BIBLIOGRAFÍA

* Bowlby, John. *Attachment.* Nueva York: Basic Books.

* Bridges, William. (2011). *Managing Transitions.* Nicholas Brealey Publishing.

* Brown, Brené. (2010). *The Power of Vulnerability.* TED conference.

* Cirlot, Juan Eduardo. (1969). *Diccionario de Símbolos.* Madrid: Siruela.

* Farley, Helen. (2009). *A Cultural History of Tarot.* Bloomsbury.

* Gardner, Howard. (1983). *Frames of Mind: The Theory of Multiple Intelligences.* Nueva York: Basic Books.

* Greer, Mary K. (1990). *El Tarot: Un Viaje Interior.* Sirio.

* Jung, Carl Gustav. (1969). *Los arquetipos y el inconsciente colectivo.* Barcelona: Paidós.

* Levine, Amir y Heller, Rachel. (2011). *Attached.* Londres: Rodale.

* Maslach, Christina y Jackson, Susan. (1986). *Maslach Burnout Inventory Manual.* Palo Alto: Consulting Psychologist Press, Inc.

* Max, Roser. (2017). *The Short History of Global Living Conditions and Why It Matters That We Know It.*

* Punset, Eduard. (2011). *Excusas para no pensar.* Barcelona: Destino.

* Punset, Elsa. (2009). *Inocencia Radical.* Madrid: Aguilar.

* Robinson, Ken con Aronica, Lou. (2009). *El Elemento.* Portsmouth, NH: Random House Mondadori.

* Russell, Bertrand. (2000). *La conquista de la felicidad.* Madrid: Debate.

* Seligman, Martin. (2017). *La auténtica felicidad.* Madrid: Ediciones B.

* Stahl, Bob y Goldstein, Elisha. (2015). *Mindfulness para reducir el estrés.* Barcelona: Kairós.

* Van Rijberk, Gerard. (2013). *Le Tarot Histoire, Iconographie, ésotérisme.* Guy Trédaniel.

* Wardle, Jane. (2009). *How Are Habits Formed: Modelling Habit Formation in the Real World.* European Journal of Social Psychology, 40(6), pp. 998-1009.

* Wiseman, Richard. (2003). *El factor suerte.* Barcelona: Planeta.

AGRADECIMIENTOS

Para que estas páginas pudieran estar hoy en tus manos, muchas personas han aportado sus colaboraciones, comentarios y sugestiones, y he de decir que les estoy profundamente agradecida por todo ello.

En primer lugar, me siento muy agradecida a todas y todos los que habéis venido a mi consulta, a veces incluyendo trenes y horas de transporte. Gracias por la confianza que habéis depositado en mi de forma tan honesta y cariñosa. En especial, a todos los que me habéis cedido tan generosamente vuestras vivencias en consulta para poder ilustrar estos capítulos con vuestras anécdotas vitales.

Gracias también a todos mis alumnas, alumnos y mis *VIW (Very Important Witches and Wizards)* ¡Habéis sido unos fantásticos maestros! Este libro nace, en parte, gracias a que me habéis empujado, pedido, motivado, y chantajeado para poder tener la teoría de *Las Siete Puertas* escrita y analizada en profundidad.

A Esther Gutiérrez le agradezco su apoyo incondicional, su generosidad infinita y las ganas que le pone a todo. Trabajar con ella en este proyecto ha sido una Rueda de la Fortuna para mí, siempre ofreciendo nuevas formas de facilitarme la tarea. Gracias por creer en lo que hago. A Roberto Cubas y a Gema Maldonado, tengo que agradecerles la energía de motivación y preguntas recurrentes sobre cada nuevo capítulo. Me habéis arropado como solo vosotros sabéis. Gracias también al apoyo de Adela Pastor y Ana Albiol, porque la manifestación de este libro surgió también de nuestras conversaciones y del impulso de Tres de Oros.

Vuestra forma de alentarme no tiene precio. También siento que parte de este libro es gracias a Javier Sol, que fue el primero en verlo, hace muchos años.

Es cierto que la gestación de un proyecto como *Las Siete Puertas* conlleva mucho tiempo, así que tengo mil millones de gracias para mi familia, que me han visto menos en este tiempo y que han sido una ayuda preciada con sus ideas y comentarios en todo el proceso. A Mari Mar y Santi, por su ayuda incondicional, siempre estáis ahí, apoyándonos sin poner una pega jamás.

A mis hermanos Jose Luis y Javier, por nuestros apasionantes debates sobre lecturas y proyectos, los próximos libros de la familia son los vuestros. A mi hermana elegida, Cristina, me has animado lo indecible cada vez que me bombardeabas a peticiones de nuevos capítulos.

Por supuesto, a mis padres Matilde y Jose Luis. Uno de los regalos más preciados de mi vida es el apoyo que me habéis dado siempre en todo lo que he hecho. Gracias por motivarme, preguntarme y ayudarme a resolver cada tropezón en el camino. Finalmente, gracias a mis hijas, que han intentado dejarme trabajar, y que me han animado continuamente con su alegría. Y a mi marido y compañero, Marcos. Si he podido escribir este libro y cumplir un sueño, es porque estás a mi lado. Nunca tendré suficientes palabras de agradecimiento a todos los esfuerzos que haces por ayudarme a conseguir dejar mi granito de arena en el Mundo. Eres la persona que me da alas para volar, raíces para volver y razones para quedarme.

NOTA PARA QUIEN LEE

Gracias por llegar hasta aquí. Pensarte al otro lado de estas páginas me ha dado motivos para continuar. Tengo que darte la enhorabuena por el tiempo que inviertes en conocerte y por la capacidad que tienes de buscar más consciencia en tu vida. Son cualidades valiosas, ¡disfrútalas!

Hay algo que quiero pedirte. Si alguna de las ideas que hay en *Las Siete Puertas* ha conectado contigo, si te ha ayudado a conocerte mejor, me gustaría que lo compartieses. Tienes más poder personal del que crees: si de corazón sientes que este libro lo merece, recomiéndalo. En las reseñas del libro en Amazon, en Google, a tus amigos o a tu gato. ¡Me ayudas mucho! Juntos, podemos llegar a más personas. Así es como se producen los cambios.

Orietur in tenebris lux tua.

Made in the USA
Monee, IL
07 July 2026

56644419R00111